Dieses Taschenbuch enthält in italienisch-deutschem Paralleldruck acht Erzählungen des großen Schriftstellers (1867–1936), der den Nobelpreis für sein dramatisches Werk bekam, heute aber mehr und mehr auch als Erzähler entdeckt und hoch geschätzt wird. Diese acht Geschichten – auf dem Land oder in der Stadt spielend, handfest oder versponnen, behaglich oder unheimlich, herzbewegend oder kühl konstatierend, tiefsinnig oder intellektuell – lassen immerzu die enorme Theatererfahrung des Autors erkennen: Der Leser sieht das Geschehen vor sich «wie auf der Bühne».

dtv zweisprachig · Edition Langewiesche-Brandt

Luigi Pirandello

Il Gran Me e il piccolo me. Racconti

Das Große Ich und das kleine ich. Erzählungen

Auswahl und Übersetzung von Ina Martens

Deutscher Taschenbuch Verlag

Die letzten fünf Erzählungen dieses Bandes waren seit 1957 im Programm der Reihe, seit 1973 im dtv, unter dem Titel «Una Giornata / Wie ein Tag» (dtv 9010). Die Übersetzungen waren von Hanna Dehio; sie sind die Grundlage dieser neuen deutschen Fassungen.

Neuübersetzung / Revidierte Übersetzung
1. Auflage Juli 1995
Deutscher Taschenbuch Verlag GmbH & Co. KG, München
Umschlagentwurf: Celestino Piatti
Satz: FoCoTex Klaus Nowak, Berg bei Starnberg
Gesamtherstellung: Kösel, Kempten
ISBN 3-423-09335-8. Printed in Germany

La prova · Die Probe 6 · 7

Visita · Besuch 16 · 17

Il pipistrello · Die Fledermaus 28 · 29

Una giornata · Wie ein Tag 50 · 51

La Giara · Der Krug 64 · 65

Cinci · Cinci 86 · 87

Effetti d'un sogno interrotto
Auswirkungen eines unterbrochenen Traumes
104 · 105

Dialogo tra il Gran Me e il piccolo me
Dialog zwischen Großem Ich und kleinem ich
116 · 117

La prova

Vi parrà strano che io ora stia per fare entrare un orso in chiesa. Vi prego di lasciarmi fare perché non sono propriamente io. Per quanto stravagante e spregiudicato mi possa riconoscere, so il rispetto che si deve portare a una chiesa e una simile idea non mi sarebbe mai venuta in mente. Ma è venuta a due giovani chierici del convento di Tovel, uno nativo di Tuenno e l'altro di Flavòn, andati in montagna à salutare i loro parenti prima di partire missionarii in Cina.

Un orso, capirete, non entra in chiesa cosí, per entrarci; voglio dire, come se niente fosse. Vi entra per un vero e proprio miracolo, come l'immaginarono questi due giovani chierici. Certo, per crederci, bisognerebbe avere né piú né meno della loro facile fede. Ma convengo che niente è piú difficile ad avere che simili cose facili. Per cui, se voi non l'avete, potete anche non crederci; e potete anche ridere, volendo, di quest'orso che entra in chiesa perché Dio gli ha dato incarico di mettere alla prova il coraggio dei due novelli missionarii prima della loro partenza per la Cina.

Ecco intanto l'orso davanti alla chiesa che solleva con la zampa il pesante coltrone di cuoio alla porta. E ora, un po' sperduto, ecco che s'introduce nell'ombra e tra le panche in doppia fila della navata di mezzo si china a spiare, e poi domanda con grazia alla prima beghina:

– Scusi, la sagrestia?

È un orso che Dio ha voluto far degno di un Suo incarico, e non vuole sbagliare. Ma anche la beghina non vuole interrompere la sua preghiera, e, stizzita, piú col cenno della mano che con la voce indica di là, senza alzare la testa né levar gli occhi. Cosí non sa d'aver risposto a un orso. Altrimenti, chi sa che strilli.

Die Probe

Es wird euch seltsam vorkommen, daß ich jetzt gerade vorhabe, einen Bären in eine Kirche eintreten zu lassen. Ich bitte euch, laßt mich, denn eigentlich bin nicht ich es. Wie verrückt und respektlos ich auch sein mag, ich weiß, daß man einer Kirche Ehrfurcht erweisen muß, und ein solcher Einfall wäre mir nie gekommen. Aber er kam mir angesichts zweier junger Priester aus dem Kloster Tovel – der eine stammte aus Tuenno und der andere aus Flavòn –, die in die Berge gegangen waren, um sich vor ihrer Abreise als Missionare nach China von ihren Verwandten zu verabschieden.

Ein Bär, nicht wahr, geht nicht einfach in eine Kirche, nur so, um hineinzugehen. Ich meine, wie wenn nichts dabei wäre. Es ist ein wahres und echtes Wunder, wenn er da hineingeht, so dachten auch die beiden jungen Priester. Gewiß, um es zu glauben, bedürfte es lediglich ihres schlichten Glaubens. Aber ich gebe zu: nichts ist schwieriger als so einfache Dinge. Darum: wenn ihr keinen solchen Glauben habt, braucht ihr es nicht zu glauben. Ihr könnt auch, wenn ihr wollt, über meine Absicht lachen, diesen Bären in die Kirche hineingehen zu lassen, weil Gott ihm den Auftrag gegeben habe, den Mut der beiden jungen Missionare vor ihrer Abreise nach China auf die Probe zu stellen.

Da steht nun der Bär vor der Kirche und hebt mit der Tatze den schweren Ledervorhang an der Tür. Und jetzt, ein wenig verloren, ja, da begibt er sich in den Schatten, und zwischen den doppelreihigen Bänken des Mittelschiffs bückt er sich und späht und fragt dann mit Anmut die erste Betschwester:

«Entschuldigen Sie, zur Sakristei?»

Er ist ein Bär, den Gott Seines Auftrags würdigen wollte, und er will nichts falsch machen. Aber auch die Betschwester will ihr Gebet nicht unterbrechen und weist ärgerlich, mehr mit einem Zeichen der Hand als mit der Stimme nach dort, ohne den Kopf zu heben oder aufzuschauen. So weiß sie gar nicht, daß sie einem Bären geantwortet hat. Andernfalls, wer weiß, was für ein Aufschrei!

L'orso non se n'ha a male; va di là e domanda al sagrestano:

– Scusi, Dio?

Il sagrestano trasecola:

– Come, Dio?

E l'orso, stupito, apre le braccia:

– Non sta qui di casa?

Quello non sa ancor credere ai suoi occhi, tanto che esclama quasi in tono di domanda:

– Ma tu sei orso!

– Orso, già, come mi vedi; non mi sto mica dando per altro.

– Appunto, orso vuoi parlar con Dio?

Allora l'orso non può fare a meno di guardarlo con compassione:

– Dovresti invece maravigliarti che sto parlando con te. Dio, per tua norma, parla con le bestie meglio che con gli uomini. Ma ora dimmi se conosci due giovani chierici che partono domani missionarii in Cina.

– Li conosco. Uno è di Tuenno e l'altro di Flavòn.

– Appunto. Sai che sono andati in montagna a salutare i loro parenti e che debbono rientrare in convento prima di sera?

– Lo so.

– E chi vuoi che m'abbia dato tutte queste informazioni se non Dio? Ora sappi che Dio vuol sottometterli a una prova e ne ha dato incarico a me e a un orsacchiotto amico mio (potrei dir figlio, ma non lo dico perché noi bestie non riconosciamo piú per figli i nostri nati pervenuti a una certa età). Non vorrei sbagliare. Desidererei una descrizione piú precisa dei due chierici per non fare ad altri chierici innocenti una immeritata paura.

La scena è qui rappresentata con una certa malizia che certo i due chierici, nell'immaginarla, non ci misero; ma che Dio parli con le bestie meglio che con

Der Bär nimmt es nicht übel. Er geht hin und fragt den Kirchendiener:

«Entschuldigen Sie, zu Gott?»

Der Kirchendiener völlig entgeistert:

«Wieso Gott?»

Und der Bär, erstaunt, öffnet die Arme:

«Wohnt er nicht hier?»

Der andere glaubt seinen Augen nicht zu trauen und ruft in fragendem Ton aus:

«Aber du bist doch ein Bär!»

«Ja, ein Bär, wie du siehst! Ich behaupte nicht, etwas anderes zu sein.»

«Na sowas, und du, Bär, willst mit Gott sprechen?»

Jetzt kann der Bär nicht anders, als ihn mitleidig ansehen:

«Du solltest dich eher wundern, daß ich mit dir rede. Nach deinen Gesetzen kann Gott mit den Tieren besser reden als mit den Menschen. Aber nun sag mir, ob du zwei junge Priester kennst, die morgen als Missionare nach China aufbrechen.»

«Die kenne ich. Der eine ist aus Tuenno und der andere aus Flavòn.»

«Genau. Du weißt, daß sie in die Berge gegangen sind, um sich von ihren Verwandten zu verabschieden, und daß sie vor dem Abend ins Kloster zurückkehren müssen?»

«Das weiß ich.»

«Und wer, meinst du, hat mir all diese Auskünfte gegeben, wenn nicht Gott? Dann sollst du jetzt erfahren, daß Gott sie auf die Probe stellen will und mich und einen befreundeten kleinen Bären (ich könnte sagen, meinen Sohn, aber ich sage es nicht, weil wir Tiere unsere Jungen ab einem gewissen Alter nicht mehr als Kinder ansehen) damit beauftragt hat. Ich möchte nichts falsch machen, hätte gern eine genauere Beschreibung der beiden Priester, um anderen unschuldigen Priestern nicht grundlos Angst einzujagen.»

Die Szene wird hier mit einer gewissen Verschmitztheit berichtet, die den beiden Priestern, wenn sie sie sich vorstellten, bestimmt fehlen würde. Daß aber Gott mit den Tieren besser

gli uomini non mi pare che si possa mettere in dubbio, se si consideri che le bestie (quando però non siano in qualche rapporto con gli uomini) sono sempre sicure di quello che fanno, meglio che se lo sapessero; non perché sia bene, non perché sia male (ché queste son malinconie soltanto degli uomini) ma perché seguono obbedienti la loro natura, cioè il mezzo di cui Dio si serve per parlare con loro. Gli uomini all'incontro petulanti e presuntuosi, per voler troppo intendere pensando con la loro testa, alla fine non intendono piú nulla; di nulla sono mai certi; e a questi diretti e precisi rapporti di Dio con le bestie restano del tutto estranei; dico di piú, non li sospettano nemmeno.

Il fatto è che sul tramonto, tornandosene al convento, quando lasciarono il sentiero della montagna per prendere la via che conduce alla vallata, i due giovani chierici si videro questa via impedita da un orso e un orsacchiotto.

Era primavera avanzata; non piú dunque il tempo che orsi e lupi scendono affamati dai monti. I due giovani chierici avevano camminato finora lieti in mezzo ai lavorati già alti che promettevano un abbondante raccolto e con la vista rallegrata dalla freschezza di tutto quel verde nuovo che, indorato dal sole declinante, dilagava con delizia nell'aperta vallata.

Impauriti, si fermarono. Erano, come devono essere i chierici, disarmati. Solo quello di Tuenno aveva un rozzo bastone raccattato per strada, discendendo dalla montagna. Inutile affrontare con esso le due bestie.

D'istinto, per prima cosa, si voltarono a guardare indietro in cerca d'ajuto o di scampo. Ma avevano lasciato poco piú sú soltanto una ragazzina che con un frusto badava a tre porcellini.

La videro che s'era anch'essa voltata a guardare verso la vallata, ma senza il minimo segno di spavento

reden kann als mit den Menschen, das kann man wohl nicht bezweifeln, wenn man bedenkt, daß die Tiere (allerdings nur, wenn sie nicht in irgendeiner Beziehung zum Menschen stehen) sich immer dessen sicher sind, was sie tun, sicherer, als wenn es ihnen bewußt wäre. Nicht, daß das gut wäre, nicht, daß es schlecht wäre (denn das sind nur menschliche Seelenbeschwernisse), sondern weil sie gehorsam ihrer Natur folgen, und die ist das Medium, dessen Gott sich bedient, um mit ihnen zu sprechen. Die Menschen begegnen einem aufdringlich und eingebildet, wollen zu viel verstehen und denken mit ihrem Kopf. Am Ende verstehen sie nichts mehr. In nichts sind sie sich je sicher, und die unmittelbare und deutliche Beziehung Gottes zu den Tieren ist ihnen völlig fremd. Mehr noch, würde ich sagen: sie vermuten sie nicht einmal.

Tatsache ist, daß bei Sonnenuntergang, als die beiden jungen Priester sich ins Kloster zurückbegaben und den Gebirgspfad verließen, um den Weg ins Tal zu nehmen, sie eben diesen Weg von einem großen und einem kleinen Bären versperrt sahen.

Es war später Frühling, also nicht mehr die Zeit, in der ausgehungerte Bären und Wölfe von den Bergen herabkommen. Die beiden jungen Priester waren bis jetzt fröhlich mitten durch die bestellten, schon hochgewachsenen Felder gelaufen, die eine reiche Ernte versprachen; sie waren frohen Mutes beim Anblick all des frischen neuen Grüns, das, durch die untergehende Sonne goldglänzend, voller Wonne das offene Tal überflutete.

Verängstigt blieben sie stehen. Sie waren, wie es sich für Priester gehörte, unbewaffnet. Nur der aus Tuenno hatte einen groben Stock beim Abstieg von den Bergen aufgehoben. Es war zwecklos, damit die beiden Bestien anzugreifen.

Unbewußt drehten sie sich als erstes um und suchten hinter sich Hilfe oder einen Ausweg. Aber sie waren etwas weiter oben nur an einem kleinen Mädchen vorbeigekommen, das mit einer Gerte drei kleine Schweine hütete.

Sie sahen, daß es sich auch umgedreht hatte und ins Tal schaute, aber ohne das geringste Anzeichen von Angst sang es

cantava lassú, agitando mollemente quel suo frusto. Era chiaro che non vedeva i due orsi. I due orsi che pure erano lí bene in vista. Come non li vedeva?

Stupiti dell'indifferenza di quella ragazzina ebbero per un attimo il dubbio che, o quei due orsi fossero una loro allucinazione, o che lei già li conoscesse come orsi del luogo addomesticati e innocui; perché non era in alcun modo ammissibile che non li vedesse: quello piú grosso, ritto là e fermo a guardia della strada, enorme controluce e tutto nero, e l'altro piú piccolo che si veniva pian piano accostando dondolante su le corte zampe e che ora ecco si metteva a girare attorno al chierico di Flavòn e a mano a mano girando l'annusava da tutte le parti.

Il povero giovane aveva alzato le braccia come in segno di resa o per salvarsi le mani e, non sapendo che altro fare, se lo guardava girare attorno, con tutta l'anima sospesa. Poi, a un certo punto, lanciando uno sguardo di sfuggita al compagno e vedendosi pallido in lui come in uno specchio, di colpo, chi sa perché, si fece tutto rosso e gli sorrise.

Fu il miracolo.

Anche il compagno, senza saper perché, gli sorrise. E subito i due orsi, alla vista di quello scambio di sorrisi, come se a loro volta anch'essi si fossero scambiati un cenno, senz'altro tranquillamente se n'andarono verso il fondo della vallata.

La prova per essi era fatta e il loro còmpito assolto.

Ma i due chierici non avevano ancora capito nulla. Tanto vero che lí per lí, vedendo andar via cosí tranquillamente i due orsi, restarono per un buon tratto incerti a seguire con gli occhi quell'improvvisa e inattesa ritirata, e poiché essa per la naturale goffaggine delle due bestie non poteva non apparir loro ridicola, tornando a guardarsi tra loro, non trovarono da far di meglio che scaricare tutta la paura che s'erano presa in una lunga fragorosa risata. Cosa che certa-

dort oben, seine Gerte leicht schwenkend. Es war klar, daß es die beiden Bären nicht sah, die beiden Bären, die doch deutlich zu erkennen waren. Wie konnte es sie nicht sehen?

Erstaunt über die Gleichgültigkeit des kleinen Mädchens, waren sie einen Augenblick unschlüssig, ob es die beiden Bären nur in ihrer Einbildung gab oder ob das Mädchen sie schon als gezähmte und harmlose Bären vom Ort kannte. Denn es konnte überhaupt nicht sein, daß es sie nicht sah: Der größere stand aufrecht und bewegungslos da und bewachte die Straße, gewaltig im Gegenlicht und völlig schwarz. Der andere, kleinere, kam ganz langsam auf seinen kurzen Beinen hin- und herschaukelnd näher, und jetzt fing er an, um den Priester aus Flavòn herumzustreichen, und dabei beschnupperte er ihn immer wieder von allen Seiten.

Der arme Junge hatte die Arme gehoben, wie zum Zeichen des Sich-Ergebens oder um seine Hände zu retten und, da er nicht wußte, was er sonst tun sollte, beobachtete er mit bebendem Herzen, wie der Bär um ihn herumging. Nach einer Weile warf er schließlich seinem Kameraden einen verstohlenen Blick zu, und als er sein blasses Spiegelbild in ihm entdeckte, da wurde er mit einem Schlag rot, wer weiß warum, und lächelte ihm zu.

Das war das Wunder.

Auch sein Kamerad lächelte ihm zu, ohne zu wissen warum. Als die beiden Bären dieses gegenseitige Sich-Zulächeln sahen, machten sie sich ohne weiteres friedlich auf den Weg ins Tal, als hätten auch sie ihrerseits ein Zeichen ausgetauscht.

Für sie war die Probe bestanden, ihre Aufgabe war erfüllt.

Die beiden Priester hingegen hatten noch gar nichts begriffen. Denn als sie die beiden Bären in diesem Augenblick so friedlich weggehen sahen, verfolgten sie diesen plötzlichen und unerwarteten Rückzug erst einmal eine ganze Weile verunsichert mit den Augen; und da er ihnen wegen der natürlichen Tolpatschigkeit der beiden Tiere einfach komisch vorkommen mußte, fiel ihnen, als sie sich wieder gegenseitig ansahen, nichts besseres ein, als all ihre aufgestaute Angst in einem langen und lauten Lachanfall zu entladen. So etwas hätten sie

mente non avrebbero fatto, se avessero subito capito che quei due orsi erano mandati da Dio per mettere il loro coraggio alla prova e che perciò ridere di loro cosí sguajamentere era lo stesso che ridersi di Dio. Se mai una supposizione di questo genere fosse passata loro per la testa, piuttosto che a Dio per la paura che s'erano presa avrebbero pensato al diavolo che all'uno e all'altro aveva voluto farla mandando quei due orsi.

Capirono che invece era stato proprio Dio e non il diavolo allorché videro i due orsi voltarsi alla loro risata, fieramente irritati. Certo in quel momento i due orsi attesero che Dio, sdegnato da tanta incomprensione, comandasse loro di tornare indietro e punire i due sconsigliati, mangiandoseli.

Confesso che io, se fossi stato dio, un dio piccolo, avrei fatto cosí.

Ma Dio grande aveva già tutto compreso e perdonato. Quel primo sorriso, per quanto involontario, dei due giovani chierici, ma certo nato dalla vergogna di aver tanta paura, loro che, dovendo fare i missionarii in Cina, s'erano imposti di non averne, quel primo sorriso era bastato a Dio, proprio perché nato cosí, inconsapevolmente, nella paura; e aveva perciò comandato ai due orsi di ritirarsi. Quanto alla seconda risata cosí sguajata era naturale che i due giovani credessero di rivolgerla al diavolo che aveva voluto far loro paura, e non a Lui che aveva voluto mettere il loro coraggio alla prova. E questo, perché nessuno meglio si Dio può sapere per continua esperienza che tante azioni, che agli uomini per il loro corto vedere pajono cattive, le fa proprio Lui, per i suoi alti fini segreti, e gli uomini invece credono scioccamente che sia il diavolo.

mit Sicherheit nicht getan, wenn sie gleich begriffen hätten, daß die beiden Bären von Gott geschickt worden waren, ihren Mut auf die Probe zu stellen. Denn wenn man so flegelhaft über die Bären lachte, war es das gleiche, als wenn man über Gott lachte. Wenn ihnen so etwas je in den Sinn gekommen wäre, dann hätten sie wegen der Angst, die sie ergriffen hatte, nicht an Gott, sondern eher an den Teufel gedacht, der es sowohl dem einen wie dem anderen zeigen wollte, indem er die beiden Bären schickte.

Als sie jedoch sahen, wie die beiden Bären bei ihrem Gelächter sich stolz und verärgert umdrehten, wurde ihnen klar, daß es tatsächlich Gott und nicht der Teufel gewesen war. Gewiß erwarteten die zwei Bären in diesem Augenblick, daß Gott, erzürnt über so viel Unverständnis, ihnen befehlen würde, umzukehren und die beiden Unbesonnenen zu fressen.

Zugegeben, wenn ich Gott gewesen wäre, ein kleiner Gott, dann hätte ich das verfügt.

Aber der große Gott hatte bereits alles verstanden und verziehen. Jenes erste Lächeln der beiden jungen Priester, wenn auch unfreiwillig und aus Scham, so viel Angst zu haben, sie, die Missionare in China sein sollten und sich vorgenommen hatten, keine zu haben, jenes erste Lächeln hatte Gott genügt, gerade weil es nur gerade so entstanden war, unbewußt, aus Angst. Deswegen hatte er den beiden Bären befohlen, sich zurückzuziehen. Mit ihrem zweiten, so rüpelhaften Gelächter meinten die beiden jungen Männer naheliegenderweise, den Teufel auszulachen, der ihnen Angst einjagen wollte und nicht Ihn, der ihren Mut auf die Probe hatte stellen wollen. Und dies, weil aufgrund der ständigen Erfahrung Gottes niemand besser wissen konnte als Er, daß viele Taten, die den Menschen wegen ihrer Kurzsichtigkeit als böse erscheinen, gerade seine eigenen sind, für seine hohen, feinen geheimen Ziele. Die Menschen glauben hingegen aus Torheit, es seien Taten des Teufels.

Visita

Cento volte gli avrò detto di non introdurmi gente in casa senza preavviso. Una signora, bella scusa:

– T'ha detto Wheil?

– Vàil, sissignore, cosí.

– La signora Wheil è morta jeri a Firenze.

– Dice che ha da ricordarle una cosa.

(Ora non so piú se io abbia sognato o se sia davvero avvenuto questo scambio di parole tra me e il mio cameriere. Gente in casa senza preavviso me n'ha introdotta tanta; ma che ora m'abbia fatto entrare anche una morta non mi par credibile. Tanto piú che in sogno io poi l'ho vista, la signora Wheil, ancora cosí giovane e bella. Dopo aver letto nel giornale, appena svegliato, la notizia della sua morte a Firenze, ricordo infatti d'aver ripreso a dormire, e l'ho vista in sogno tutta confusa e sorridente per la disperazione di non saper piú come fare a ripararsi, avvolta com'era in una nuvola bianca di primavera che s'andava a mano a mano diradando fino a lasciar trasparire la rosea nudità di tutto il corpo di lei, e proprio là dove piú il pudore voleva ch'esso rimanesse nascosto; tirava con la mano; ma come si fa a tirare un vano lembo di nuvola?)

Il mio studio è tra i giardini. Cinque grandi finestre, tre da una parte e due dall'altra; quelle, piú larghe, ad arco; queste, a usciale, sul lago di sole d'un magnifico terrazzo a mezzogiorno; e a tutt'e cinque, un palpito continuo di tende azzurre di seta. Ma l'aria dentro è verde per il riflesso degli alberi che vi sorgono davanti.

Con la spalliera volta contro la finestra che sta nel mezzo è un gran divano di stoffa anch'essa verde ma chiara, marina; e tra tanto verde e tanto azzurro e

Besuch

Hundert Mal habe ich gesagt, daß er niemand Unangemeldeten
hereinbringen soll. Eine Dame, schöne Entschuldigung:
   «Sie hat Wheil zu dir gesagt?»
   «Vàil, jawohl Herr, genauso.»
   «Signora Wheil ist gestern in Florenz gestorben.»
   «Sie sagt, daß sie Sie an etwas erinnern muß.»

(Jetzt weiß ich nicht mehr, ob ich diesen Wortwechsel mit
meinem Diener geträumt habe oder ob er wirklich stattgefun-
den hat. Unangemeldete Leute hereingebracht hat er schon
viele; aber daß er jetzt auch noch eine Tote vorließ, scheint mir
unglaubhaft. Noch dazu, wo ich sie im Traum dann gesehen
habe, diese Signora Wheil, immer noch so jung und schön.
Nachdem ich, kaum aufgewacht, die Nachricht von ihrem Tod
in Florenz in der Zeitung gelesen habe, erinnere ich mich
jedenfalls, wieder eingeschlafen zu sein. Ich habe sie im Traum
gesehen, völlig verwirrt und lächelnd aus Verzweiflung darüber, daß sie nicht wußte, wie sie sich bedecken sollte, ein-
gehüllt wie sie war, in eine weiße Frühlingswolke, welche sich
nach und nach aufzulösen begann, bis sie die rosa Nacktheit
ihres ganzen Körpers durchschimmern ließ, und zwar genau
dort, wo die Schicklichkeit gebot, daß er verborgen bliebe; sie
zupfte etwas – aber wie zupft man an einem schwindenden
Zipfel Wolke?)

Mein Arbeitszimmer befindet sich zwischen Gärten. Fünf
große Fenster, drei nach einer Seite und zwei nach der anderen;
erstere breiter, bogenförmig; letztere Glastüren, zum unendlichen Licht einer herrlichen Südterrasse; und an allen fünf
Fenstern ein ständiges Wehen von blauen Seidenvorhängen.
Aber das Licht im Raum ist grün aufgrund des Widerscheins
der Bäume, die davor wachsen.
   Ein großes Sofa, auch aus grünem, wenngleich hellerem,
meeresfarbenem Stoff, steht mit der Rückenlehne zum mittle-
ren Fenster; sich so vielem Grün, so vielem Blau und so vieler

tanta aria e tanta luce, abbandonarvisi, stavo per dire immergervisi, è veramente una delizia.

Ho ancora in mano, entrando, il giornale che reca la notizia della morte della signora Wheil, jeri, a Firenze. Non posso avere il minimo dubbio d'averla letta: è qua stampata; ma è anche qua seduta sul divano ad aspettarmi la bella signora Anna Wheil, proprio lei. Può darsi che non sia vera, questo sí. Non me ne stupirei affatto, avvezzo come sono da tempo a simili apparizioni. O se no, c'è poco da scegliere, sta tra due, non sarà vera la notizia della sua morte stampata in questo giornale.

È qua vestita come tre anni fa d'un bianco abito estivo d'organdis, semplice e quasi infantile, sebbene ampiamente aperto sul petto. (Ecco la nuvola del sogno, ho capito). In capo, un gran cappello di paglia annodato da larghi nastri di seta nera. E tiene gli occhi un po' socchiusi a difesa dalla luce abbagliante dei due finestroni dirimpetto; ma poi, è strano, espone invece a questa luce, reclinando il capo indietro con intenzione, la meravigliosa dolcezza della gola, come le sorge dal caldo trasognato candore del petto e sú dall'attaccatura del collo fino al purissimo arco del mento.

Quest'atteggiamento senza dubbio voluto m'apre tutt'a un tratto la mente: ciò che la bella signora Anna Wheil ha da ricordarmi è tutto lí, nella dolcezza di quella gola, nel candore di quel petto; e tutto in un attimo solo, ma quando un attimo si fa eterno e abolisce ogni cosa, anche la morte, come la vita, in una sospensione d'ebbrezza divina, in cui dal mistero balzano d'improvviso illuminate e precise le cose essenziali, una volta e per sempre.

La conosco appena (morta, dovrei dire: «la conoscevo appena»; ma lei è qua ora come nell'assoluto d'un eterno presente, e posso dir dunque: la conosco ap-

Luft, so vielem Licht hinzugeben, ich wollte sagen, darin einzutauchen, ist wahrhaftig eine Wonne.

Im Eintreten halte ich noch die Zeitung in der Hand, mit der Nachricht vom Tod der Signora Wheil, gestern, in Florenz. Es gibt nicht den geringsten Zweifel, daß ich sie gelesen habe: hier steht sie gedruckt; aber sie sitzt auch hier auf dem Sofa und wartet auf mich, die schöne Signora Wheil, wirklich sie. Es kann sein, daß sie nicht echt ist, das schon. Das würde mich, der ich längst an solche Erscheinungen gewöhnt bin, nicht wundern. Wenn sie aber echt ist – es gibt es ja wenig Auswahl bei nur zwei Möglichkeiten – dann kann die Zeitungsnachricht von ihrem Tod nicht stimmen.

Sie ist hier, wie vor drei Jahren in einem weißen Sommerkleid aus zartem Batist, einfach und beinahe kindlich, trotz des großzügigen Ausschnitts. (Das ist die Wolke aus dem Traum, wurde mir klar). Auf dem Kopf ein großer Strohhut, mit breiten schwarzen Seidenbändern festgebunden. Wegen des gleißenden Lichts der beiden gegenüberliegenden großen Fenster hält sie die Augen fast geschlossen, aber dann, seltsam, setzt sie andererseits, indem sie den Kopf absichtlich nach hinten neigt, diesem Licht die wunderbare Sanftheit ihres Halses aus, der aus dem warmen traumverlorenen makellosen Weiß der Brust hervorgeht und nach oben hin von seinem Ansatz in die vollkommene Linie des Kinns übergeht.

Diese ohne Zweifel gewollte Haltung wird mir ganz plötzlich klar: alles, woran die schöne Signora Wheil mich erinnern will, ist dort, in der Sanftheit dieses Halses, dieser makellosen weißen Brust. Alles in einem einzigen Augenblick, aber in einem Augenblick, der zur Ewigkeit wird und alles zunichte macht, selbst den Tod, aber auch das Leben, der zu einem Gefühl göttlich rauschenden Schwebens wird, in dem plötzlich aus dem Geheimnis die wesentlichen Dinge hell und klar emporschnellen, einmal und für immer.

Ich kenne sie kaum (da sie tot ist, müßte ich sagen: «ich kannte sie kaum»; aber sie ist jetzt da, wie in der Gewißheit einer ewigen Gegenwart, und ich kann also sagen: ich kenne sie

pena), l'ho veduta una volta sola in una riunione festiva nel giardino d'una villa di comuni amici, a cui lei è venuta con quest'abito bianco d'organdis.

In quel giardino, quella mattina, le donne piú giovani e piú belle avevano quell'ardore sfavillante che nasce in ogni donna dalla gioja di sentirsi desiderata. S'eran lasciate prendere nel ballo e, sorridendo, ad accendere di piú quel desiderio, avevan guardato sulle labbra cosí d'accosto l'uomo da sfidarlo irresistibilmente al bacio. Ma di primavera, momenti di rapimento, col tepore del primo sole che inebria, quando nell'aria molle è pure un vago fermento di sottili profumi e lo splendore del verde nuovo, che dilaga nei prati, brilla con vivacità cosí eccitante in tutti gli alberi intorno; strani fili di suono luminosi avviluppano; improvvisi scoppii di luce stordiscono; lampi di fughe, felici invasioni di vertigine; e la dolcezza della vita non par piú vera, tanto è fatta di tutto e di niente; né vero piú, né da tenerne piú conto, ricordando poi nell'ombra, quando quel sole è spento, tutto ciò che s'è fatto e s'è detto. Sí, m'ha baciata. Sí, gliel'ho promesso. Ma un bacio appena sui capelli, ballando. Una promessa cosí per ridere. Dirò che non l'ho avvertito. Gli domanderò se non è matto a pretendere ch'io ora mantenga sul serio.

Si poteva esser certi che nulla di tutto questo era accaduto alla bella signora Anna Wheil, la cui piacenza sembrava a tutti cosí aliena e placida che nessuna bramosia carnale avrebbe osato sorgere davanti a lei. Io però avrei giurato che per quel rispetto che tutti le portavano lei avesse negli occhi un brillío di riso ambiguo e pungente, non perché sentisse in segreto di non meritarselo, ma anzi al contrario perché nessuno mostrava di desiderarla come donna a causa di quel rispetto che pur le si doveva portare. Era forse invidia o gelosia, o forse sdegno o malinconica ironia; poteva anche essere tutte queste cose insieme.

kaum), ich habe sie nur ein einziges Mal auf einem Garten-
fest bei gemeinsamen Freunden gesehen, zu dem sie in diesem
weißen Kleid aus zartem Batist gekommen ist.

In diesem Garten, an diesem Morgen glühten die jüngsten
und schönsten Frauen vor Freude; sie strahlten die funkelnde
Glut aller Frauen aus, die sich begehrt fühlen. Vom Tanz mit-
gerissen, lächelnd, das Begehren schürend, schauten sie auf den
so nahen Mund des Mannes – eine unwiderstehliche Aufforde-
rung zum Kuß. Gerade im Frühling, Augenblicke der Verzük-
kung, in der milden Wärme der ersten berauschenden Sonne,
wenn in der feuchten Luft noch unbestimmte feine Düfte gären
und der Glanz neuen Grüns, das die Wiesen überflutet, so
reizend lebendig in allen Bäumen ringsherum glitzert; seltsame
helle Klangfäden umgarnen einen; plötzliche Lichtexplosionen
machen benommen; flüchtiges Aufblitzen, ein glückliches, sich
ausbreitendes Schwindelgefühl; und die Süße des Lebens erscheint nicht mehr wirklich, so sehr besteht sie aus allem und
nichts; sie ist nicht mehr wirklich und nicht mehr beachtens-
wert, wenn man sich dann im Schatten, nachdem diese Sonne
erloschen ist, an das erinnert, was man getan und gesagt hat.
Ja, er hat mich geküßt. Ja, ich habe es ihm versprochen. Aber
ein Kuß nur so auf die Haare, beim Tanzen. Ein Versprechen
nur so im Scherz. Ich werde sagen, daß ich ihn nicht gespürt
habe. Ich werde ihn fragen, ob er nicht verrückt sei, zu verlangen, daß ich das Ganze jetzt ernstnehme.

Man kann sicher sein: die schöne Signora Anna Wheil, deren Liebenswürdigkeit allen so fremd und in sich ruhend vor-
kam, daß keiner es gewagt hätte, ein sinnliches Verlangen aufkommen zu lassen, hatte nichts von all dem erlebt. Ich hingegen hätte schwören können, daß sie wegen jener Achtung, die
ihr alle entgegenbrachten, das stechende Aufblitzen eines zwei-
deutigen Lachens in ihren Augen hatte, nicht, weil sie insge-
heim meinte, diese Achtung nicht zu verdienen, sondern im
Gegenteil, weil niemand zeigte, daß er sie als Frau begehrte,
gerade wegen jener Achtung, die man vor ihr doch haben sollte. Vielleicht war es Neid oder Eifersucht, vielleicht Zorn oder
melancholische Ironie; es konnte auch alles zusammen sein.

Me ne potei accorgere in un momento, dopo averla seguita a lungo con gli occhi nei balli e nei giuochi a cui anche lei aveva preso parte; in ultimo anche nelle corse pazze che, forse per offrirsi uno sfogo, aveva fatte sui prati coi bambini. La padrona di casa, con cui mi trovavo, mi volle presentare a lei mentre era ancor china a rassettare le testoline scapigliate e le vesti in disordine a quei bambini. Nel rizzarsi d'improvviso per rispondere alla presentazione, la signora Anna Wheil non pensò di rassettarsi anche lei sul petto l'ampia scollatura di quel suo abito d'organdis; sicché io non potei fare a meno d'intravedere del suo seno forse piú di quanto onestamente avrei dovuto. Fu solo un attimo. Subito portò la mano a ripararselo. Ma dal modo con cui, in quell'atto che volle parer furtivo, mi guardò, compresi che della mia involontaria e quasi inevitabile indiscrezione non s'era per nulla dispiaciuta. Quel brio di luce che aveva negli occhi sfavillò anzi diversamente da prima, sfavillò d'un estro quasi folle di riconoscenza, perché nei miei occhi rideva senz'alcun rispetto una gratitudine cosí pura di quel che avevo intravisto che ogni senso di concupiscenza restava escluso e solo si appalesava lampante il pregio supremo che io attribuivo alla gioja che l'amore d'una donna come lei, bella tutta come lei, coi tesori d'una divina nudità con cosí pudica fretta ricoperta, poteva dare a un uomo che avesse saputo meritarselo.

Questo le dissero chiaramente i miei occhi, splendenti ancora di quel baleno d'ammirazione; e questo fece subito che io diventassi per lei il solo Uomo, veramente uomo, tra tutti quelli che erano in quel giardino; nello stesso tempo che lei m'appariva tra tutte le altre la sola Donna, veramente donna. E non ci potemmo piú separare per tutto il tempo che durò quella riunione. Ma oltre questa tacita intesa, durata un attimo, per sempre, non ci fu altro tra noi. Nes-

Ich merkte das in einem Augenblick, nachdem ich ihr lange mit den Augen beim Tanzen und bei den Spielen gefolgt war, an denen auch sie teilgenommen hatte. Schließlich auch bei den verrückten Spielen auf der Wiese mit den Kindern, wo sie vielleicht ihren Gefühlen freien Lauf lassen wollte. Die Hausherrin, bei der ich gerade stand, wollte mich ihr vorstellen, während sie noch über die Kinder gebeugt war, um ihnen die zerzausten Köpfchen und in Unordnung geratenen Kleider zu glätten. Als sie sich plötzlich aufrichtete, um auf das Vorstellen zu antworten, dachte Signora Anna Wheil nicht daran, auch den weiten Ausschnitt ihres Kleides aus zartem Batist an der Brust in Ordnung zu bringen, so daß ich nicht umhin konnte, mehr von ihrem Busen flüchtig zu sehen zu bekommen, als ich vielleicht schicklicherweise sollte. Es war nur ein Augenblick. Sofort bedeckte sie ihn mit der Hand. Aber an der Art und Weise, wie sie mich bei dieser Geste, die verstohlen wirken wollte, ansah, begriff ich, daß meine unfreiwillige und beinahe unvermeidliche Indiskretion ihr keineswegs mißfallen hatte. Im Gegenteil, das lebhafte Leuchten in ihren Augen funkelte nun ganz anders als vorher, es funkelte aus einer fast verrückten Anwandlung von Anerkennung heraus, weil eine so reine Dankbarkeit für das, was ich flüchtig erblickt hatte, so respektlos aus meinen Augen lachte, daß jede Begehrlichkeit ausgeschlossen blieb und sich nur die höchste Würdigung klar offenbarte, die ich der Freude zuschrieb, die die Liebe einer Frau, wie sie es war – vollkommen schön wie sie, mit Schätzen einer göttlichen Nacktheit, schamhaft-rasch bedeckt –, einem Mann geben konnte, der sie sich zu verdienen wußte.

Das sagten ihr deutlich meine Augen, noch leuchtend von dieser plötzlich aufblitzenden Bewunderung; und das bewirkte sofort, daß ich für sie zum einzigen Mann wurde, wirklichen Mann, unter allen, die sich im Garten befanden; genauso wie sie mir unter all den anderen die einzige Frau, wirkliche Frau schien. Und wir konnten uns während der ganzen Zeit des Festes nicht mehr voneinander trennen. Außer diesem schweigenden Einverständnis, das für einen Augenblick anhielt, für immer, gab es nichts anderes zwischen uns. Keinen Austausch

suno scambio di parole, fuori delle comuni e usuali, sulla bellezza di quel giardino, sulla giocondità di quella festa e la graziosa ospitalità dei nostri comuni amici. Ma, pur parlando cosí di cose aliene o casuali, le rimase negli occhi, felice, quel brillío di riso che pareva rampollasse come un'acqua viva dal profondo segreto di quella nostra intesa e se ne beasse senza badare ai sassi e alle erbe tra cui ora scorreva. E un sasso fu anche il marito in cui c'imbattemmo poco dopo allo svoltare d'un viale.

Me lo presentò. Alzai un istante gli occhi a guardarla negli occhi. Un battito appena di ciglia velò quel brio di luce, e solo con esso la bella signora mi confidò che lui, quel bravo uomo del marito, non s'era mai neppur sognato di comprendere ciò che avevo compreso io in un attimo solo; e che questo non era da ridere, no; era anzi la sua mortale afflizione, perché una donna come lei certo non sarebbe stata mai d'altro uomo. Ma non importava. Bastava che uno almeno lo avesse compreso.

No, no, io non dovevo piú, neppur senza volerlo, seguitando ora ad andare e a parlare noi due soli, non dovevo piú posarle gli occhi sul seno e obbligar la sua mano ad accertarsi di furto ch'io non potessi piú essere indiscreto; sarebbe stato ormai peccaminoso, per me insistere, e per lei tornare a compiacersene. C'eravamo già intesi. Doveva bastare. Non si trattava piú di noi due; non era piú da cercare né di sapere e neppur d'intravedere com'era lei, ch'era tutta bella, sí, come lei sola si conosceva; ci sarebbe stato allora da considerare tant'altre cose che riguardavano me: questa sopra tutto: che avrei dovuto avere per lei, a dir poco, vent'anni di meno: una gran malinconia di inutili rimpianti; no, no; una cosa bella, da riempirci della piú pura gioia tra tanto splendore di sole e tanto riso di primavera, s'era rivelata a noi: questa cosa essenziale che è sulla terra, con tutto il nudo cando-

von Worten, außer den üblichen und alltäglichen über die Schönheit des Gartens, die Fröhlichkeit des Festes und die reizende Gastfreundschaft unserer gemeinsamen Freunde. Doch obwohl wir nur von fremden und zufälligen Dingen sprachen, blieb in ihren Augen, wie als Zeichen des Glücks, jenes funkelnde Lachen, das wie Quellwasser aus dem tiefen Geheimnis unseres Einverständnisses zu sprudeln schien und sich daran berauschte, ohne auf die Steine und Gräser zu achten, zwischen denen es nun hinfloß. Ein Stein war auch der Ehemann, dem wir kurz nach der Biegung eines Weges begegneten.

Sie stellte ihn mir vor. Ich hob kurz den Blick, um ihr in die Augen zu sehen. Ein kaum merklicher Wimpernschlag verschleierte das lebhafte Leuchten, und allein damit vertraute die schöne Signora mir an, daß er, dieser gute Mensch von Ehemann, nicht einmal im Traum verstanden hätte, was ich in einem einzigen Augenblick begriffen hatte; und daß das nicht zum Lachen war, nein, im Gegenteil, es war ihr tödlicher Schmerz, denn eine Frau wie sie würde gewiß nie die Frau eines anderen Mannes sein. Aber das war nicht wichtig. Es genügte, daß wenigstens einer es verstanden hatte.

Nein, nein, ich sollte es nicht mehr, nicht einmal ohne es zu wollen – jetzt, wo wir dabei waren zu reden, nur wir beide –, ich sollte die Augen nicht mehr auf ihre Brust richten und ihre Hand zwingen, sich verstohlen zu vergewissern, daß ich nicht mehr indiskret sein konnte. Es wäre Sünde gewesen, wenn ich es wieder getan und sie wieder Gefallen daran gefunden hätte. Wir hatten uns verstanden. Das mußte genügen. Es handelte sich nicht mehr um uns beide. Es ging nicht mehr darum, zu erahnen oder gar zu wissen oder etwa flüchtig zu erblicken, wie sie war, sie, die rundherum schön war, ja, wie nur sie allein sich kannte. Man müßte jetzt so viele andere Dinge, die mich betrafen, in Betracht ziehen, vor allem wohl, daß ich für sie mindestens zwanzig Jahre jünger sein sollte: eine große Melancholie wegen unnützen Nachtrauerns. Nein, nein, etwas Schönes, das uns mit der reinsten Freude unter so viel Sonnenglanz und mit so viel frühlingshaftem Lachen erfüllte, hat sich uns enthüllt: das Wesentliche, was es auf Erden gibt, mit

re delle sue carni, in mezzo al verde d'un paradiso terrestre, il corpo della donna, concesso da Dio all'-uomo come premio supremo di tutte le sue pene, di tutte le sue ansie, di tutte le sue fatiche.

– Se dovessimo pensare a te e a me ...

Mi voltai. Come! Mi dava del tu? Ma la bella signora Anna Wheil era sparita.

Me la ritrovo ora qua accanto, in quest'aria verde, in questa luce del mio studio, vestita come tre anni fa del suo abito bianco d'organdis.

– Il mio seno, se sapessi! Ne sono morta. Me lo hanno reciso. Un male atroce ne fece scempio due volte. La prima, un anno appenda dopo che tu, di qua, ricordi? me lo intravedesti. Ora posso allargare con tutt'e due le mani la scollatura e mostrartelo tutto, com'era, guardalo! guardalo! ora che non sono piú.

Guardo; ma sul divano è solo il bianco del giornale aperto.

all dem nackten makellosen Weiß ihres Körpers, inmitten des Grüns eines irdischen Paradieses – der Körper der Frau, von Gott dem Mann gewährt als höchsten Preis für all sein Elend, all seine Ängste, all seine Mühen.

«Wenn wir an dich und an mich denken würden . . .»

Ich wandte mich um. Wie! Sie duzte mich? Aber die schöne Signora Anna Wheil war verschwunden.

Jetzt finde ich sie hier neben mir wieder, in diesem grünen Licht, in dieser Atmosphäre meines Arbeitszimmers, wie vor drei Jahren in ihrem weißen Kleid aus zartem Batist.

«Meine Brust, wenn du wüßtest! Ich bin daran gestorben. Sie haben sie mir abgenommen. Durch eine grausame Krankheit wurde sie zweimal verstümmelt. Das erste Mal kaum ein Jahr nach dem du – an dieser Stelle, erinnerst du dich? – sie flüchtig erblickt hattest. Jetzt kann ich mit beiden Händen den Ausschnitt öffnen und dir alles zeigen, wie es war, sieh es dir an! sieh es dir an! Jetzt, da ich nicht mehr bin.»

Ich schaue; doch auf dem Sofa ist nur das Weiß der geöffneten Zeitung.

Il pipistrello

Tutto bene. La commedia, niente di nuovo, che potesse irritare o frastornare gli spettatori. E congegnata con bell'industria d'effetti. Un gran prelato tra i personaggi, una rossa Eminenza che ospita in casa una cognata vedova e povera, di cui in gioventù, prima d'avviarsi per la carriera ecclesiastica, era stato innamorato. Una figliuola della vedova, già in età da marito, che Sua Eminenza vorrebbe sposare a un giovine suo protetto, cresciutogli in casa fin da bambino, apparentemente figlio di un suo vecchio segretario, ma in realtà ... – insomma, via, un certo antico trascorso di gioventù, che non si potrebbe ora rimproverare a un gran prelato con quella crudezza che necessariamente deriverebbe dalla brevità d'un riassunto, quando poi è per così dire il fulcro di tutto il second'atto, in una scena di grandissimo effetto con la cognata, al bujo, o meglio, al chiaro di luna che inonda la veranda, poiché Sua Eminenza, prima di cominciar la confessione, ordina al suo fidato servitore Giuseppe: «*Giuseppe, smorzate i lumi*». Tutto bene, tutto bene, insomma. Gli attori, tutti a posto; e innamorati a uno a uno della loro parte. Anche la piccola Gàstina, sì. Contentissima, contentissima della parte della nipote orfana e povera, che naturalmente non vuol saperne di sposare quel protetto di Sua Eminenza, e fa certe scene di fiera ribellione, che alla piccola Gàstina piacevano tanto, perché se ne riprometteva un subisso d'applausi.

Per farla breve, più contento di così nell'aspettazione ansiosa d'un ottimo successo per la sua nuova commedia l'amico Faustino Perres non poteva essere alla vigilia della rappresentazione.

Ma c'era un pipistrello.

Un maledetto pipistrello, che ogni sera, in quella stagione di prosa alla nostra Arena Nazionale, o entrava dalle aperture del tetto a padiglione, o si destava

Die Fledermaus

Alles bestens. Die Komödie, nichts Neues, was die Zuschauer
aufbringen oder was ihnen auf die Nerven gehen könnte. Ein-
fallsreich und pfiffig. Ein großer Prälat unter den Personen
– rote Eminenz –, der in seinem Haus eine verwitwete arme
Schwägerin beherbergt, in die er in seiner Jugend, bevor er die
kirchliche Laufbahn einschlug, einmal verliebt war. Eine Tochter der Witwe, schon im heiratsfähigen Alter, die Seine Eminenz mit einem jungen Schützling verheiraten möchte, der
von Kindesbeinen an in seinem Hause war, angeblich Sohn
eines alten Sekretärs von ihm, aber in Wirklichkeit ... – kurz
und gut, eben eine Jugendsünde, die man jetzt einem großen
Prälaten nicht mit jener Härte vorwerfen könnte, wie es sich
notwendigerweise aus der Kürze einer Zusammenfassung erge-
ben würde, wenn sie dann sozusagen zum Kernpunkt des gesamten zweiten Aktes wird, in einer großartigen, wirkungsvol-
len Szene mit der Schwägerin, im Dunkeln, oder besser, bei
Mondlicht, das die Veranda überflutet, weil Seine Eminenz,
vor dem Geständnis, seinem treuen Diener Giuseppe befiehlt:
«Giuseppe, lösch die Lichter aus».
    Alles bestens, alles soweit
gut. Die Schauspieler alle zufrieden; jeder einzelne in seine
Rolle verliebt. Auch die kleine Gàstina, ja. Überglücklich, überglücklich mit der Rolle der armen verwaisten Nichte, die natürlich nichts davon wissen will, den Schützling Seiner Eminenz
zu heiraten und in bestimmten Szenen, die der kleinen Gàstina
besonders gut gefallen, sich heftig dagegen auflehnt, weil sie
sich davon einen Beifallssturm verspricht.
    Um es kurz zu machen, zufriedener als jetzt, in ungeduldiger
Erwartung eines großartigen Erfolges für seine neue Komödie,
konnte Freund Faustino Perres am Vorabend der Aufführung
nicht sein.
    Aber da war eine Fledermaus.
    Eine verflixte Fledermaus, die jeden Abend während der
Theatersaison in unserer «Arena Nazionale» entweder durch
die Öffnungen des Pavillondachs hereinkam oder zu einer be-

a una cert'ora dal nido che doveva aver fatto lassù, tra le imbracature di ferro, le cavicchie e le chiavarde, e si metteva a svolazzar come impazzito non già per l'enorme vaso dell'Arena sulla testa degli spettatori, poiché durante la rappresentazione i lumi nella sala erano spenti, ma là, dove la luce della ribalta, delle bilance e delle quinte, le luci della scena, lo attiravano: sul palcoscenico, proprio in faccia agli attori.

La piccola Gàstina ne aveva un pazzo terrore. Era stata tre volte per svenire, le sere precedenti, nel vederselo ogni volta passar rasente al volto, sui capelli, davanti agli occhi, e l'ultima volta – Dio che ribrezzo! – fin quasi a sfiorarle la bocca con quel volo di membrana vischiosa che stride. Non s'era messa a gridare per miracolo. La tensione dei nervi per costringersi a star lì ferma a rappresentare la sua parte mentre irresistibilmente le veniva di seguir con gli occhi, spaventata, lo svolazzio di quella bestia schifosa, per guardarsene, o, non potendone più, di scappar via dal palcoscenico per andare a chiudersi nel suo camerino, la esasperava fino a farle dichiarare ch'ella ormai, con quel pipistrello lì, se non si trovava il rimedio d'impedirgli che venisse a svolazzar sul palcoscenico durante la rappresentazione, non era più sicura di sé, di quel che avrebbe fatto una di quelle sere.

Si ebbe la prova che il pipistrello non entrava da fuori, ma aveva proprio eletto domicilio nelle travature del tetto dell'Arena, dal fatto che, la sera precedente la prima rappresentazione della commedia nuova di Faustino Perres, tutte le aperture del tetto furono tenute chiuse, e all'ora solita si vide il pipistrello lanciarsi come tutte le altre sere sul palcoscenico col suo disperato svolazzio. Allora Faustino Perres, atterrito per le sorti della sua nuova commedia, pregò, scongiurò l'impresario e il capocomico di far salire sul tetto due, tre, quattro operai, magari a sue

stimmten Zeit in ihrem Nest, das sie sich da oben zwischen den Eisenverstrebungen gemacht haben mußte, erwachte und wie verrückt herumzuflattern begann; allerdings nicht in dem großen Raum der «Arena» über den Köpfen der Zuschauer, weil während der Vorstellung die Lichter im Saal gelöscht waren, sondern dort, wo das Rampenlicht, die Lichter der Beleuchtungsrampe und der Kulissen sie anzogen: auf der Bühne, unmittelbar vor den Gesichtern der Schauspieler.

Die kleine Gàstina hatte eine wahnsinnige Angst vor ihr. An den vorangegangenen Abenden war sie dreimal nahe dran gewesen, ohnmächtig zu werden, jedesmal wenn sie dicht an ihrem Gesicht, ihren Haaren, vor ihren Augen vorbeiflog, und beim letzten Mal – oh Gott, wie eklig! – dieser Flug einer kreischenden, klebrigen Membran, die fast ihren Mund berührte. Ein Wunder, daß sie nicht anfing zu schreien. Die Nervenanspannung, sich zusammenzureißen und dort stillzustehen, um ihre Rolle zu spielen, während ihre Augen erschreckt und wie gebannt der Fledermaus folgten, dem Umhergeflatter dieses scheußlichen Tiers; sich in acht nehmen zu müssen, oder einfach nicht mehr zu können und von der Bühne zu laufen, um sich in ihrer Garderobe einzuschließen: das alles erschöpfte sie derart, daß sie zu guter Letzt erklärte, sie sei sich ihrer selbst nicht mehr sicher, wisse nicht, was sie an einem solchen Abend plötzlich täte, wenn man kein Mittel fände, diese Fledermaus daran zu hindern, hier während der Vorstellung auf der Bühne herumzuflattern.

Man hatte den Beweis, daß die Fledermaus nicht von draußen hereinkam, sondern sich tatsächlich ihre Behausung zwischen den Balken des Dachs der «Arena» ausgesucht hatte, und zwar aufgrund der Tatsache, daß am Vorabend der Premiere der neuen Komödie von Faustino Perres alle Öffnungen des Dachs geschlossen gehalten worden waren; aber zum üblichen Zeitpunkt sah man die Fledermaus, wie sie sich wie an den anderen Abenden mit ihrem verzweifelten Geflatter auf die Bühne stürzte. In großer Sorge um das Schicksal seiner neuen Komödie bat, beschwor nun Faustino Perres den Impresario und den Theaterdirektor, zwei, drei, vier Arbeiter, wenn es sein muß,

spese, per scovare il nido e dar la caccia a quella insolentissima bestia; ma si sentì dare del matto. Segnatamente il capocomico montò su tutte le furie a una simile proposta, perché era stufo, ecco, stufo stufo stufo di quella ridicola paura della signorina Gàstina per i suoi magnifici capelli.

– I capelli?

– Sicuro! sicuro! i capelli! Non ha ancora capito? Le hanno dato a intendere che, se per caso le sbatte in capo, il pipistrello ha nelle ali non so che viscosità, per cui non è più possibile distrigarlo dai capelli, se non a patto di tagliarli. Ha capito? Non teme per altro! Invece d'interessarsi alla sua parte, d'immedesimarsi nel personaggio, almeno fino al punto di non pensare a simili sciocchezze!

Sciocchezze, i capelli d'una donna? i magnifici capelli della piccola Gàstina? Il terrore di Faustino Perres alla sfuriata del capocomico si centuplicò. Oh Dio! oh Dio! se veramente la piccola Gàstina temeva per questo, la sua commedia era perduta!

Per far dispetto al capocomico, prima che cominciasse la prova generale, la piccola Gàstina, col gomito appoggiato sul ginocchio d'una gamba accavalciata sull'altra e il pugno sotto il mento, seriamente domandò a Faustino Perres, se la battuta di Sua Eminenza al secondo atto: – «Giuseppe, smorzate i lumi» – non poteva essere ripetuta, all'occorrenza, qualche altra volta durante la rappresentazione, visto e considerato che non c'è altro mezzo per fare andar via un pipistrello, che entri di sera in una stanza, che spegnere il lume. Faustino Perres si sentì gelare.

– No, no, dico proprio sul serio! Perché, scusate, Perres: volete dare veramente, con la vostra commedia, una perfetta illusione di realtà?

– Illusione? No. Perché dice illusione, signorina? L'arte crea veramente una realtà.

auf seine Kosten, auf das Dach steigen zu lassen, um das Nest aufzustöbern und dieses unverschämte Vieh zu jagen. Aber er wurde für verrückt erklärt. Vor allem der Theaterdirektor ging bei diesem Vorschlag in die Luft, denn er war die lächerliche Angst von Signorina Gàstina um ihre wunderschönen Haare leid, ja, leid, leid, leid.

«Die Haare?»

«Klar! Die Haare! Haben Sie das noch nicht begriffen? Irgend jemand hat ihr weisgemacht, daß die Fledermaus, falls sie gegen ihren Kopf stößt, an den Flügeln was weiß ich für eine Klebrigkeit hat, weswegen man sie nicht mehr aus den Haaren herausbekommt, es sei denn, man schneidet sie ab. Verstehen Sie? Vor nichts anderem fürchtet sie sich! Statt sich um ihre Rolle zu kümmern, sich in die Figur zu versetzen, zumindest so weit, daß sie nicht mehr solchen Blödsinn denkt!»

Die Haare einer Frau, Blödsinn? Die wunderschönen Haare der kleinen Gàstina? Die Angst von Faustino Perres beim Wutausbruch des Theaterdirektors verhundertfachte sich. Oh Gott! Oh Gott! Wenn die kleine Gàstina wirklich das befürchtete, dann war seine Komödie verloren!

Um den Theaterdirektor zu ärgern, richtete die kleine Gàstina, den Ellbogen auf das übergeschlagene Bein gestützt und die Faust unterm Kinn, vor Beginn der Generalprobe ganz ernsthaft die Frage an Faustino Perres, ob der Ausspruch Seiner Eminenz im zweiten Akt – «Giuseppe, lösch die Lichter aus» – nicht noch einmal wiederholt werden könnte, falls nötig, irgend ein weiteres Mal während der Vorstellung, in Anbetracht der Tatsache, daß es kein anderes Mittel gibt, eine Fledermaus zu verjagen, die abends in ein Zimmer hereinfliegt, als das Ausschalten des Lichts.

Faustino Perres erstarrte.

«Nein, nein, ich meine das ernst! Warum, entschuldigt, Perres: Wollt Ihr denn nicht mit Eurer Komödie eine vollkommene Illusion der Wirklichkeit geben?»

«Illusion? Nein. Warum sagen Sie Illusion, Signorina? Die Kunst schafft vollkommene Wirklichkeit.»

– Ah, sta bene. E allora io vi dico che l'arte la crea, e il pipistrello la distrugge.

– Come! perché?

– Perché sì. Ponete il caso che, nella realtà della vita, in una stanza dove si stia svolgendo di sera un conflitto familiare, tra marito e moglie, tra una madre e una figlia, che so! o un conflitto d'interessi o d'altro, entri per caso un pipistrello. Bene: che si fa? Vi assicuro io, che per un momento il conflitto s'interrompe per via di quel pipistrello che è entrato; o si spenge il lume, o si va in un'altra stanza, o qualcuno anche va a prendere un bastone, monta su una seggiola e cerca di colpirlo per abbatterlo a terra; e gli altri allora, credete a me, si scordano lì per lì del conflitto e accorrono tutti a guardare, sorridenti e con schifo, come quella odiosissima bestia sia fatta.

– Già! Ma questo, nella vita ordinaria! – obiettò, con un sorriso smorto sulle labbra, il povero Faustino Perres. – Nella mia opera d'arte, signorina, il pipistrello, io, non ce l'ho messo.

– Voi non ce l'avete messo; ma se lui ci si ficca?

– Bisogna <u>non farne caso</u>! *Aufhebens machen*

– E vi sembra naturale? V'assicuro io, io che debbo vivere nella vostra commedia la parte di Livia, che questo non è naturale; perché Livia, lo so io, lo so io meglio di voi, che paura ha dei pipistrelli! La vostra Livia, – badate – non più io. Voi non ci avete pensato, perché non potevate immaginare il caso che un pipistrello entrasse nella stanza, mentr'ella si ribellava fieramente all'imposizione della madre e di Sua Eminenza. Ma questa sera, potete esser certo che il pipistrello entrerà nella camera durante quella scena. E allora io vi domando, per la realtà stessa che voi volete creare, se vi sembri naturale che ella, con la paura che ha dei pipistrelli, col ribrezzo che la fa contorcere e gridare al solo pensiero d'un possibile contatto, se ne stia lì come se nulla fosse, con un

«Na schön. Aber dann sage ich Euch, daß die Kunst sie schafft, und die Fledermaus sie zerstört.»

«Wieso? Warum?»

«Eben ja. Nehmt an: Im wirklichen Leben fliegt in ein Zimmer, in dem gerade ein Familienstreit stattfindet – zwischen Ehemann und Ehefrau, zwischen Mutter und Tochter, was weiß ich! oder eine Meinungsverschiedenheit oder sonstwas –, zufällig eine Fledermaus herein. Gut: was tut man? Ich versichere Euch, daß der Streit wegen dieser Fledermaus für einen Augenblick unterbrochen wird. Entweder schaltet man das Licht aus, oder man geht in ein anderes Zimmer, oder es holt einer einen Stock, steigt auf einen Stuhl und versucht sie auf den Boden zu schlagen. Und die anderen, das könnt Ihr mir glauben, vergessen augenblicklich den Streit und laufen alle herbei und schauen zu, lachend und voll Ekel, widerwärtig wie dieses Vieh nun mal ist.

«Nun, so ist es im gewöhnlichen Leben!» warf der arme Faustino Perres mit einem verzerrten Lächeln auf den Lippen ein. «Aber ich, Signorina, ich habe die Fledermaus nicht in mein Kunstwerk getan.»

«Ihr habt sie nicht hineingetan. Aber wenn sie sich dort hineindrängt?»

«Man muß einfach nicht darauf achten!»

«Und das findet Ihr natürlich? Ich versichere Euch, ich, die ich in Eurer Komödie die Rolle der Livia spielen soll, daß es nicht natürlich ist. Weil ich weiß, und das weiß ich besser als Ihr, welche Angst Livia vor Fledermäusen hat! Eure Livia, bedenkt, nicht ich. Ihr habt nicht daran gedacht, weil Ihr Euch nicht den Fall vorstellen könnt, daß eine Fledermaus ins Zimmer fliegt, während Livia sich heftig gegen das Gebot der Mutter und Seiner Eminenz auflehnt. Aber heute abend, Ihr könnt sicher sein, daß die Fledermaus während dieser Szene ins Zimmer fliegen wird. Und da frage ich Euch, gerade wegen der Wirklichkeit, die Ihr schaffen wollt, ob es Euch natürlich erscheint, daß Livia, mit ihrer Angst vor Fledermäusen, mit dem Ekel, der sie sich winden und schreien läßt beim bloßen Gedanken einer möglichen Berührung, so tut, als ob nichts wäre, mit

pipistrello che le svolazza attorno alla faccia, e mostri di non farne caso. Voi scherzate! Livia se ne scappa, ve lo dico io; pianta la scena e se ne scappa, o si nasconde sotto il tavolino, gridando come una pazza. Vi consiglio perciò di riflettere, se proprio non vi convenga meglio di far chiamare Guiseppe da Sua Eminenza e di fargli ripetere la battuta: – «*Giuseppe, smorzate i lumi*». – Oppure ... aspettate! oppure ... – ma sì! meglio! sarebbe la liberazione! – che gli ordinasse di prendere un bastone, montare su una seggiola, e ...

– Già! sì! proprio! interrompendo la scena a metà, è vero? tra l'ilarità fragorosa di tutto il pubblico.

– Ma sarebbe il colmo della naturalezza, caro mio! Credetelo. Anche per la vostra stessa commedia, dato che quel pipistrello c'è e che in quella scena – è inutile – vogliate o non vogliate – ci si ficca: *pipistrello vero!* Se non ne tenete conto, parrà finta, per forza, Livia che non se ne cura, gli altri due che non ne fanno caso e seguitano a recitar la commedia come se lui non ci fosse. Non capite questo?

Faustino Perres si lasciò cader le braccia, disperatamente.

– O Dio mio, signorina, – disse. – Se volete scherzare, è un conto ...

– No no! Vi ripeto che sto discutendo con voi sul serio, sul serio, proprio sul serio! – ribatté la Gàstina.

– E allora io vi rispondo che siete matta, – disse il Perres alzandosi. – Dovrebbe far parte della realtà che ho creato io, quel pipistrello, perché io potessi tenerne conto e farne tener conto ai personaggi della mia commedia; dovrebbe essere un pipistrello finto e non vero, insomma! Perché non può, così, incidentalmente, da un momento all'altro, un elemento della realtà casuale introdursi nella realtà creata, essenziale, dell'opera d'arte.

– E se ci s'introduce?

– Ma non è vero! Non può! Non s'introduce mica

einer Fledermaus, die ihr ums Gesicht flattert – daß sie sich ver-
hält, als beachtete sie sie nicht. Ihr macht Witze! Livia läuft
davon, sage ich Euch. Sie schmeißt die Szene und läuft davon
oder versteckt sich unter dem Tisch und schreit wie eine Verrückte. Ich rate Euch, darüber nachzudenken, ob Ihr es nicht
besser fändet, Giuseppe von Seiner Eminenz rufen und ihn den
Satz wiederholen zu lassen: ‹Giuseppe, *lösch die Lichter aus*›.
Oder ... wartet! Oder ... – ja! noch besser! das wäre die
Lösung! – daß er ihm befiehlt, einen Stock zu nehmen, auf
einen Stuhl zu steigen, und ...»

«Ach ja! Sonst noch was? Die Szene mittendrin unterbrechen, was? unter dem schallenden Gelächter des gesamten Publikums.»

«Aber das wäre der Gipfel an Natürlichkeit, mein Lieber!
Glaubt mir! Auch für Eure Komödie selbst, da diese Fledermaus
nun mal da ist und sie in dieser Szene – es hilft nichts – ob Ihr
wollt oder nicht – auftauchen wird: *eine echte Fledermaus!*
Wenn Ihr das nicht berücksichtigt, wirkt das ganze gestellt,
zwangsläufig – Livia, die sich nicht darum kümmert, die anderen beiden, die kein Aufhebens davon machen und die Komödie
weiterspielen, als wäre sie nicht da. Begreift Ihr das nicht?»

Faustino Perres ließ verzweifelt die Arme fallen.

«Oh mein Gott, Signorina», sagte er. «Wenn Ihr Witze
machen wollt, ist das etwas anderes ...»

«Nein, nein! Ich wiederhole, daß ich mit Euch ernsthaft
rede, ernsthaft, ganz im Ernst!» entgegnete die Gàstina.

«Nun, dann antworte ich Euch, daß Ihr verrückt seid», sagte
Perres und erhob sich. «Diese Fledermaus, sie müßte Teil der
Wirklichkeit sein, die ich geschaffen habe, damit ich sie einbeziehen und die Personen meiner Komödie sie einbeziehen
lassen kann. Kurz und gut, es müßte eine unechte und keine
echte Fledermaus sein! Weil ein Bestandteil der zufälligen
Wirklichkeit nicht einfach so, ganz beiläufig, von einem Augenblick zum anderen, in die geschaffene, bestehende Wirklichkeit des Kunstwerks eindringen kann.»

«Und wenn sie dort eindringt?»

«Aber das ist nicht wahr! Es kann nicht wahr sein! Diese

nella mia commedia, quel pipistrello, ma sul palcoscenico dove voi recitate.

– Benissimo! Dove io recito la vostra commedia. E allora sta tra due: o lassù è viva la vostra commedia; o è vivo il pipistrello. Il pipistrello, vi assicuro io che è vivo, vivissimo, comunque. Vi ho dimostrato che con lui così vivo lassù non possono sembrar naturali Livia e gli altri due personaggi, che dovrebbero seguitar la loro scena come se lui non ci fosse, mentre c'è. Conclusione: o via la vostra commedia, o via il pipistrello. Se stimate impossibile eliminare il pipistrello, rimettetevi in Dio, caro Perres, quanto alle sorti della vostra commedia. Ora vi faccio vedere che la mia parte io la so e che la recito con tutto l'impegno, perché mi piace. Ma non rispondo dei miei nervi stasera.

Ogni scrittore, quand'è un vero scrittore, ancor che sia mediocre, per chi stia a guardarlo in un momento come quello in cui si trovava Faustino Perres la sera della prima rappresentazione, ha questo di commovente, o anche, se si vuole, di ridicolo: che si lascia prendere, lui stesso prima di tutti, lui stesso qualche volta solo fra tutti, da ciò che ha scritto, e piange e ride e atteggia il volto, senza saperlo, delle varie smorfie degli attori sulla scena, col respiro affrettato e l'animo sospeso e pericolante, che gli fa alzare or questa or quella mano in atto di parare o di sostenere.

Posso assicurare, io che lo vidi e gli tenni compagnia, mentre se ne stava nascosto dietro le quinte tra i pompieri di guardia e i servi di scena, che Faustino Perres per tutto il primo atto e per parte del secondo non pensò affatto al pipistrello, tanto era preso dal suo lavoro e immedesimato in esso. E non è a dire che non ci pensava perché il pipistrello non aveva ancor fatto la sua consueta comparsa sul palcoscenico. No. Non ci pensava perché non poteva pensarci. Tanto

Fledermaus, sie dringt doch nicht in meine Komödie ein, sondern sie fliegt auf die Bühne, wo Ihr spielt.»

«Sehr gut! Wo ich Eure Komödie spiele. Und da gibt es nun zwei Möglichkeiten: Entweder ist dort oben Eure Komödie lebendig, oder die Fledermaus ist lebendig. Die Fledermaus jedenfalls, das versichere *ich* Euch, ist lebendig, sehr lebendig! Ich habe Euch bewiesen, daß Livia und die anderen beiden Personen, mit dieser lebendigen Fledermaus dort oben, nicht natürlich wirken können, wenn sie ihre Rolle weiterspielen müssen, als wäre sie nicht da, während sie doch da ist. Ergebnis: entweder Schluß mit Eurer Komödie, oder Schluß mit der Fledermaus. Wenn Ihr es für unmöglich haltet, die Fledermaus zu beseitigen, dann, lieber Perres, überlaßt das Schicksal Eurer Komödie Gott. Dann zeige ich Euch, daß ich meine Rolle kann, und daß ich sie mit großem Einsatz spiele, weil sie mir gefällt. Aber für meine Nerven heute abend stehe ich nicht gerade.»

Jeder Schriftsteller, wenn er ein echter Schriftsteller ist, auch nur ein mittelmäßiger, den man in so einem Augenblick, in dem sich Faustino Perres am Vorabend der ersten Vorstellung befindet, beobachtet, hat etwas Rührendes oder auch, wenn man will, Lächerliches: Er ist selber ergriffen, er selber vor allen anderen, manchmal auch als einziger von allen, von dem, was er geschrieben hat; er weint und lacht und verzieht sein Gesicht, ohne es zu merken, entsprechend den verschiedenen Grimassen der Schauspieler auf der Bühne, kurzatmig und mit bebendem Herzen, wobei er mal die eine, mal die andere Hand hebt, um etwas abzuwehren oder zu unterstützen.

Ich kann versichern, ich, der ich ihn sah und ihm Gesellschaft leistete, während er hinter den Kulissen, zwischen den diensthabenden Feuerwehrmännern und Bühnenarbeitern versteckt stand, daß Faustino Perres den ganzen ersten Akt und einen Teil des zweiten überhaupt nicht an die Fledermaus dachte,

so sehr
war er gefangen von seiner Arbeit und in sie hineinversetzt. Das heißt nicht, daß er nicht an sie dachte, weil die Fledermaus noch nicht ihren gewohnten Auftritt auf der Bühne hatte.

vero, che quando, sulla metà del second'atto, il pipistrello finalmente comparve, egli nemmeno se n'accorse; non capì nemmeno perché io col gomito lo
urtassi e si voltò a guardarmi in faccia come un in-
sensato:

– Che cosa?

Cominciò a pensarci solo quando le sorti della commedia, non per colpa del pipistrello, non per l'appren-
sione degli attori a causa di esso, ma per difetti evi-
denti della commedia stessa, accennarono di volgere
a male. Già il primo atto, per dir la verità, non aveva
riscosso che pochi e tepidi applausi.

– Oh Dio mio, eccolo, guarda ... – cominciò a dire
il poverino, sudando freddo; e alzava una spalla, tirava indietro o piegava di qua, di là il capo, come se
il pipistrello svolasse attorno a lui e volesse scansarlo;
si storceva le mani; si copriva il volto. – Dio, Dio,
Dio, pare impazzito ... Ah, guarda, a momenti in
faccia alla Rossi! ... Come si fa? come si fa? Pensa
che proprio ora entra in iscena la Gàstina!

– Sta' zitto, per carità! – lo esortai, scrollandolo per
le braccia e cercando di strapparlo di là.

Ma non ci riuscii. La gàstina faceva la sua entrata
dalle quinte dirimpetto, e il Perres, mirandola, come
affascinato, tremava tutto.

Il pipistrello girava in alto, attorno al lampadario
che pendeva dal tetto con otto globi di luce, e la
Gàstina non mostrava d'accorgersene, lusingata certo
dal gran silenzio d'attesa, con cui il pubblico aveva
accolto il suo apparire sulla scena. E la scena prose-
guiva in quel silenzio, ed evidentemente piaceva.

Ah, se quel pipistrello non ci fosse stato! Ma c'era!
c'era! Non se n'accorgeva il pubblico, tutto intento
allo spettacolo; ma eccolo lì, eccolo lì, come se, a farlo
apposta, avesse preso di mira la Gàstina, ora, proprio
lei che, poverina, faceva di tutto per salvar la commedia, resistendo al suo terrore di punto in punto cres-

Nein. Er dachte nicht an sie, weil er nicht an sie denken konnte. Wahrhaftig, er bemerkte die Fledermaus nicht einmal, als sie in der Mitte des zweiten Aktes endlich auftauchte. Er begriff nicht einmal, warum ich ihn mit dem Ellenbogen anstieß, sondern drehte sich um und sah mich an wie ein Tor:

«Was ist?»

Ich machte mir erst darüber Gedanken, als es Anzeichen dafür gab, daß die Komödie wenig Erfolg haben würde, und zwar nicht wegen der Fledermaus oder wegen der Angst der Schauspieler vor ihr, sondern wegen offensichtlicher Mängel der Komödie selbst. Schon für den ersten Akt gab es, um die Wahrheit zu sagen, nur wenig und schwachen Beifall.

«Ach du lieber Gott, da ist sie, schau ...» begann der Arme, und der kalte Schweiß brach ihm aus. Er hob eine Schulter, schoß nach hinten oder verdrehte den Kopf von hier nach da, als flatterte die Fledermaus um ihn herum und als wollte er ihr ausweichen. Er rang die Hände, bedeckte sein Gesicht. «Oh Gottogott, das ist verrückt ... Oh, schau mal im Gesicht der Rossi! ... Was sollen wir tun? Denk nur, ausgerechnet jetzt, wo die Gàstina die Bühne betritt!»

«Um Gottes Willen, sei still!» ermahnte ich ihn, schüttelte ihn an den Armen und versuchte ihn wegzuzerren.

Aber es gelang mir nicht. Die Gàstina hatte ihren Auftritt aus den Kulissen gegenüber, und Perres, der sie gebannt ansah, zitterte am ganzen Leib.

Die Fledermaus kreiste hoch oben um den Kronleuchter, der in acht Leuchtkugeln vom Dach hing, und die Gàstina zeigte keinerlei Anzeichen, sie zu bemerken, sicherlich geschmeichelt von der großen, erwartungsvollen Stille, mit der das Publikum ihren Auftritt empfing. Und diese Stille dauerte die Szene über an, die offensichtlich gefiel.

Ach, wenn nur diese Fledermaus nicht dagewesen wäre! Aber sie war da! Sie war da! Das Publikum, das dem Schauspiel aufmerksam folgte, bemerkte sie nicht. Aber da ist sie, da ist sie, als hätte sie sich eigens die Gàstina als Ziel ausgesucht, jetzt, ausgerechnet sie, die Ärmste, die alles tat, um die Komödie zu retten, indem sie immer mehr ihren Schrecken über die

cente per quella persecuzione ostinata, feroce, della schifosa, maledettissima bestia.

A un tratto Faustino Perres vide l'abisso spalancarglisi davanti agli occhi sulla scena, e si recò le mani al volto, a un grido improvviso, acutissimo della Gàstina, che s'abbandonava tra le braccia di Sua Eminenza.

Fui pronto a trascinarmelo via, mentre dalla scena gli attori si trascinavano a loro volta la Gàstina svenuta.

Nessuno, nel subbuglio del primo momento, là sul palcoscenico in iscompiglio, poté pensare a ciò che intanto accadeva nella sala del teatro. S'udiva come un gran frastuono lontano, a cui nessuno badava. Frastuono? Ma no, che frastuono! – Erano applausi. – Che? – Ma sì! Applausi! applausi! Era un delirio d'applausi! Tutto il pubblico, levato in piedi, applaudiva da quattro minuti freneticamente, e voleva l'autore, gli attori al proscenio, per decretare un trionfo a quella scena dello svenimento, che aveva preso sul serio come se fosse nella commedia, e che aveva visto rappresentare con così prodigiosa verità.

Che fare? Il capocomico, su tutte le furie, corse a prendere per le spalle Faustino Perres, che guardava tutti, tremando d'angosciosa perplessità, e lo cacciò con uno spintone fuori delle quinte, sul palcoscenico. Fu accolto da una clamorosa ovazione, che durò più di due minuti. E altre sei o sette volte dovette presentarsi a ringraziare il pubblico che non si stancava d'applaudire, perché voleva alla ribalta anche la Gàstina.

– Fuori la Gàstina! Fuori la Gàstina!

Ma come far presentare la Gàstina, che nel suo camerino si dibatteva ancora in una fierissima convulsione di nervi, tra la costernazione di quanti le stavano attorno a soccorrerla?

Il capocomico dovette farsi al proscenio ad annun-

widerspenstige, grausame Verfolgung dieses ekligen, vermale-
deiten Viehs zu überwinden versuchte.

Mit einem Mal tat sich vor Faustino Perres' Augen auf der
Bühne der Abgrund der Hölle auf, und er vergrub sein Gesicht
in den Händen bei einem plötzlichen, äußerst schrillen Aufschrei der Gàstina, die sich in die Arme Seiner Eminenz fallen
ließ.

Ich zog ihn schnell weg, während die Schauspieler auf der
Bühne ihrerseits dabei waren, die ohnmächtige Gàstina wegzu-
schleppen.

In der Verwirrung des ersten Augenblicks, bei dem Durcheinander dort auf der Bühne, konnte niemand daran denken,
was inzwischen im Zuschauerraum geschah. Man hörte so etwas wie ein großes, fernes Tosen, um das sich niemand kümmerte. Tosen? Aber nein, doch kein Tosen! –

Das war Beifall.
– Wie? – Aber ja! Beifall! Das war tosender Beifall! Das ganze
Publikum klatschte seit vier Minuten im Stehen begeistert
Beifall und wollte den Autor, die Schauspieler auf der Rampe
sehen, um die Ohnmachtsszene zu bejubeln, die es ernst genommen hatte, als gehörte sie in die Komödie, und die so
wunderbar wahrheitsgetreu dargestellt worden war.

Was nun? Der Theaterdirektor lief wutschnaubend zu Faustino Perres, der völlig verwirrt und zitternd vor Angst alle
ansah, packte ihn an den Schultern und beförderte ihn mit
einem heftigen Stoß aus den Kulissen hinaus auf die Bühne.
Er wurde von tosendem Beifall empfangen, der mehr als zwei
Minuten andauerte. Und er mußte noch weitere sechs oder
sieben Mal auf die Bühne, um dem Publikum zu danken, das
nicht müde wurde zu klatschen, da es auch die Gàstina im
Rampenlicht sehen wollte.

«Die Gàstina raus! Die Gàstina raus!»

Aber wie konnte die Gàstina auf die Bühne, wo sie doch in
ihrer Garderobe noch von einem heftigen Nervenkrampf ge-
schüttelt wurde, zur Bestürzung aller, die um sie herumstan-
den, um ihr zu helfen?

Der Theaterdirektor mußte sich ins Proszenium begeben und

ziare, dolentissimo, che l'acclamata attrice non poteva comparire a ringraziare l'eletto pubblico, perché quella scena, vissuta con tanta intensità, le aveva cagionato un improvviso malore, per cui anche la rappresentazione della commedia, quella sera, doveva essere purtroppo interrotta.

Si domanda a questo punto, se quel dannato pipistrello poteva rendere a Faustino Perres un servizio peggiore di questo.

Sarebbe stato in certo qual modo un conforto per lui attribuire a esso la caduta della commedia; ma dovergli ora il trionfo, un trionfo che non aveva altro sostegno che nel pazzo volo di quelle sue ali schifose!

Riavutosi appena dal primo stordimento, ancora più morto che vivo, corse incontro al capocomico che lo aveva spinto con tanta mala grazia sul palcoscenico a ringraziare il pubblico, e con le mani tra i capelli gli gridò:

— E domani sera?

— Ma che dovevo dire? che dovevo fare? — gli urlò furente, in risposta, il capocomico. — Dovevo dire al pubblico che toccavano al pipistrello quegli applausi, e non a lei? Rimedii piuttosto, rimedii subito; faccia che tocchino a lei domani sera!

— Già! Ma come? — domandò, con strazio, smarrendosi di nuovo, il povero Faustino Perres.

— Come! Come! Lo domanda a me, come?

— Ma se quello svenimento nella mia commedia non c'è e non c'entra, commendatore!

— Bisogna che lei ce lo faccia entrare, caro signore, a ogni costo! Non ha veduto che po' po' di successo? Tutti i giornali domattina ne parleranno. Non se ne potrà più fare a meno! Non dubiti, non dubiti che i miei attori sapranno far per finta con la stessa verità ciò che questa sera hanno fatto senza volerlo.

— Già ... ma, lei capisce, — si provò a fargli osser-

mit großem Bedauern bekanntgeben, daß die umjubelte Schauspielerin nicht erscheinen konnte, um dem erlesenen Publikum zu danken, da die mit so viel Inbrunst erlebte Szene eine plötzliche Übelkeit bei ihr hervorgerufen habe, weswegen auch die Aufführung der Komödie heute abend leider unterbrochen werden müsse.

An dieser Stelle fragt man sich, ob diese verdammte Fledermaus Faustino Perres einen schlimmeren Dienst als diesen erweisen konnte.

Es wäre doch sicher in gewisser Hinsicht ein Trost für ihn gewesen, den Mißerfolg der Komödie ihr zuzuschreiben. Aber ihr jetzt den Triumph zu verdanken, einen Triumph, der sich auf nichts anderes stützt, als auf das verrückte Geflattere ihrer ekligen Flügel!

Von seiner ersten Bestürzung kaum erholt, mehr tot als lebend, lief er auf den Theaterdirektor zu, der ihn so unsanft auf die Bühne gestoßen hatte, damit er dem Publikum dankte, und schrie, sich die Haare raufend:

«Und morgen abend?»

«Was sollte ich denn sagen? Was sollte ich machen?» antwortete ihm der Theaterdirektor brüllend. «Sollte ich dem Publikum sagen, daß der Beifall der Fledermaus gilt und nicht Ihnen? Lassen Sie sich lieber was einfallen, und zwar sofort. Tun Sie etwas, damit der Beifall morgen abend Ihnen gilt!»

«Tja, aber wie?» fragte voller Qual der arme Faustino Perres und verlor erneut den Kopf.

«Wie! Wie! Das fragen Sie mich?»

«Aber wenn doch diese Ohnmacht in meiner Komödie nicht vorkommt und nicht hineinpaßt, Signor Commendatore!»

«Dann müssen Sie sie eben einfügen, lieber Signore, koste es was es wolle! Haben Sie nicht gesehen, was für ein Wahnsinnserfolg? Alle Zeitungen werden morgen davon sprechen. Man kann jetzt gar nicht mehr anders! Zweifeln Sie nicht, daß meine Schauspieler das, was sie heute abend unfreiwillig getan haben, ebenso wahrheitsgetreu *spielen* können!»

«Tja ... aber, Sie verstehen doch», versuchte Perres einzu-

vare il Perres, – è andato così bene, perché la rappresentazione, lì, dopo quello svenimento, è stata interrotta! Se domani sera, invece, deve proseguire ...

– Ma è appunto questo, in nome di Dio, il rimedio che lei deve trovare! – tornò a urlargli in faccia il commendatore.

Se non che, a questo punto:

– E come? e come? – venne a dire, calcandosi con ambo le mani sfavillanti d'anelli il berretto di pelo sui magnifici capelli, la piccola Gàstina già rinvenuta. – Ma davvero non capite che qua deve dirlo il pipistrello e non voi, signori miei?

– Lei la finisca col pipistrello! – fremette il capocomico, facendolesi a petto, minaccioso.

– Io, la finisco? Deve finirla lei, commendatore! – rispose, placida e sorridente, la Gàstina, sicurissima di fargli così, ora, il maggior dispetto. – Perché, guardi, commendatore, ragioniamo: io potrei aver sotto comando uno scenimento finto, al secondo atto, se il signor Perres, seguendo il suo consiglio, ce lo mette. Ma dovreste anche aver voi allora sotto comando il pipistrello vero, che non mi procuri un altro svenimento, non finto ma vero al primo atto, o al terzo, o magari nel secondo stesso, subito dopo quel primo finto!

Perché io vi prego di credere, signori miei, che sono svenuta davvero, sentendomelo venire in faccia, qua, qua, sulla guancia! E domani sera non recito, no, no, non recito, commendatore, perché né lei né altri può obbligarmi a recitare con un pipistrello che mi sbatte in faccia!

– Ah no, sa! Questo si vedrà! questo si vedrà! – le rispose, crollando il capo energicamente, il capocomico.

Ma Faustino Perres, convinto pienamente che la ragione unica degli applausi di quella sera era stata l'intrusione improvvisa e violenta di un elemento

wenden, «es ist so gut gelaufen, weil die Vorstellung dort, nach der Ohnmacht, unterbrochen worden ist! Wenn sie aber morgen abend weitergeht ...»

«Aber das ist es doch gerade, in Gottes Namen! Sie müssen sich etwas einfallen lassen!» brüllte der Commendatore ihm wieder ins Gesicht.

An diesem Punkt angelangt:

«Und wie? Und wie?» entgegnete die kleine Gàstina, wieder zu sich gekommen, und drückte sich mit beiden von Ringen funkelnden Händen die Pelzmütze auf die wunderschönen Haare. – Aber begreifen Sie denn wirklich nicht, daß hier die Fledermaus das Sagen hat, und nicht Sie, meine Herren?

«Hören Sie endlich mit der Fledermaus auf!» tobte der Theaterdirektor und stellte sich drohend vor sie hin.

«Ich soll damit aufhören? Sie sollen damit aufhören, Signor Commendatore!» antwortete die Gàstina ruhig lächelnd, wobei sie genau wußte, daß sie ihn so, jetzt, am meisten ärgern konnte. «Sehen Sie, Signor Commendatore, überlegen wir doch mal vernünftig: Ich könnte im zweiten Akt auf Befehl eine vorgetäuschte Ohnmacht haben, wenn Herr Perres, Ihrem Rat folgend, sie einfügen würde. Aber dann müßten Sie auch die echte Fledermaus unter Kontrolle haben, daß sie mir keinen Anlaß zu einer weiteren Ohnmacht gibt, einer nicht vorgetäuschten, sondern echten im ersten Akt, oder im dritten Akt, oder vielleicht nochmal im zweiten Akt, unmittelbar nach der ersten, vorgetäuschten! Denn ich bitte Sie zu glauben, meine Herren, daß ich wirklich ohnmächtig wurde, als ich sie im Gesicht spürte, hier, auf meiner Wange! Morgen abend trete ich nicht auf, nein, ich trete nicht auf, Signor Commendatore, denn weder Sie, noch sonst jemand kann mich dazu zwingen, mit einer Fledermaus, die mir ins Gesicht flattert, zu spielen!»

«Aber nein! Hören Sie! Wir werden sehen! Wir werden sehen!» antwortete ihr der Theaterdirketor heftig kopfschüttelnd.

Aber Faustino Perres, völlig überzeugt davon, daß der einzige Grund des Beifalls jenes Abends das plötzliche und gewaltsame Eindringen eines fremden, zufälligen Elements war, welches

estraneo, casuale, che invece di mandare a gambe all'aria, come avrebbe dovuto, la finzione dell'arte, s'era miracolosamente inserito in essa, conferendole lì per lì, nell'illusione del pubblico, l'evidenza d'una prodigiosa verità, ritirò la sua commedia, e non se ne parlò più.

jedoch nicht, wie es hätte sein sollen, die Fiktion der Kunst platzen ließ, sondern sich stattdessen wie ein Wunder in sie eingefügt hatte und ihr augenblicklich, in der Illusion des Publikums, die Offensichtlichkeit einer wundersamen Wahrheit verlieh, zog seine Komödie zurück, und man sprach nicht mehr darüber.

Una Giornata

Strappato dal sonno, forse per sbaglio, e buttato fuori dal treno in una stazione di passaggio. Di notte; senza nulla con me.

Non riesco a riavermi dallo sbalordimento. Ma ciò che piú mi impressiona è che non mi trovo addosso alcun segno della violenza patita; non solo, ma che non ne ho neppure una immagine, neppur l'ombra confusa d'un ricordo.

Mi trovo a terra, solo, nella tenebra d'una stazione deserta; e non so a chi rivolgermi per sapere che m'è accaduto, dove sono.

Ho solo intravisto un lanternino cieco, accorso per richiudere lo sportello del treno da cui sono stato espulso. Il treno è subito ripartito. È subito scomparso nell'interno della stazione quel lanternino, col riverbero vagellante del suo lume vano. Nello stordimento, non m'è nemmen passato per il capo di corrergli dietro per domandare spiegazioni e far reclamo.

Ma reclamo di che?

Con infinito sgomento m'accorgo di non aver piú idea d'essermi messo in viaggio su un treno. Non ricordo piú affatto di dove sia partito, dove diretto; e se veramente, partendo, avessi con me qualche cosa. Mio pare nulla.

Nel vuoto di questa orribile incertezza, subitamente mi prende il terrore di quello spettrale lanternino cieco che s'è subito ritirato, senza fare alcun caso della mia espulsione dal treno. È dunque forse la cosa piú normale che a questa stazione si scenda cosí?

Nel bujo, non riesco a discernerne il nome. La città mi è però certamente ignota. Sotto i primi squallidi barlumi dell'alba, sembra deserta. Nella vasta piazza livida davanti alla stazione c'è un fanale ancora ac-

Wie ein Tag

Aus dem Schlaf gerissen, vielleicht durch einen Irrtum, und
auf einer Durchgangsstation aus dem Zug geworfen. Es ist
Nacht. Ich habe nichts bei mir.

Es gelingt mir nicht, aus meiner Betäubung wieder zu mir
zu kommen. Am meisten beunruhigt mich aber, daß ich keine
Spuren der erlittenen Gewalt an mir finde, und nicht nur das,
ich habe auch gar keine Vorstellung davon, nicht einmal den
vagen Schatten einer Erinnerung.

Ich liege am Boden, allein, in der Dunkelheit eines verlasse-
nen Bahnhofs, und weiß nicht, an wen ich mich wenden soll,
um zu erfahren, was mit mir geschehen ist, wo ich bin.

Nur eine trübe kleine Laterne habe ich undeutlich wahrge-
nommen, die herbeigeeilt war, um die Tür des Zuges zu schließen, aus dem ich hinausgestoßen worden bin. Der Zug ist sofort wieder abgefahren. Die kleine Laterne mit dem flackernden
Widerschein ihres nutzlosen Lichtes ist gleich im Inneren des
Bahnhofs verschwunden. In meiner Verwirrung bin ich nicht
auf den Gedanken gekommen, hinter ihr herzulaufen, um eine
Erklärung zu verlangen und mich zu beschweren.

Aber beschweren worüber?

Vollkommen erschrocken stelle ich fest, daß ich mich gar
nicht besinnen kann, mit einem Zug verreist zu sein. Ich kann
mich überhaupt nicht mehr erinnern, von wo ich abgefahren
bin und mit welchem Ziel; und falls ich wirklich abgereist sein
sollte, ob ich etwas mithatte. Mir scheint: nein.

In der Leere dieser entsetzlichen Ungewißheit werde ich
plötzlich von Angst ergriffen vor dem gespenstisch trüben
Lämpchen, das gleich wieder verschwunden ist, ohne geringste
Notiz davon zu nehmen, daß ich aus dem Zug gestoßen worden
bin. Ist es also vielleicht ganz normal, daß man auf dieser
Station so aussteigt?

Im Dunkeln gelingt es mir nicht, ihren Namen zu entziffern.
Die Stadt ist mir jedoch ganz gewiß unbekannt. Im ersten
trübseligen Licht des Morgengrauens erscheint sie wie ausgestorben. Auf dem weiten, düsteren Platz vor dem Bahnhof

ceso. Mi ci appresso; mi fermo e, non osando alzar gli occhi, atterrito come sono dall'eco che hanno fatto i miei passi nel silenzio, mi guardo le mani, me le osservo per un verso e per l'altro, le chiudo, le riapro, mi tasto con esse, mi cerco addosso, anche per sentire come son fatto, perché non posso piú esser certo nemmeno di questo: ch'io realmente esista e che tutto questo sia vero.

Poco dopo, inoltrandomi fin nel centro della città, vedo cose che a ogni passo mi farebbero restare dallo stupore, se uno stupore piú forte non mi vincesse nel vedere che tutti gli altri, pur simili a me, ci si muovono in mezzo senza punto badarci, come se per loro siano le cose piú naturali e piú solite. Mi sento come trascinare, ma anche qui senz'avvertire che mi si faccia violenza. Solo che io, dentro di me, ignaro di tutto, sono quasi da ogni parte ritenuto. Ma considero che, se non so neppur come, né di dove, né perché ci sia venuto, debbo aver torto io certamente e ragione tutti gli altri che, non solo pare lo sappiano, ma sappiano anche tutto quello che fanno sicuri di non sbagliare, senza la minima incertezza, cosí naturalmente persuasi a fare come fanno, che m'attirerei certo la maraviglia, la riprensione, fors'anche l'indignazione se, o per il loro aspetto o per qualche loro atto o espressione, mi mettessi a ridere o mi mostrassi stupito. Nel desiderio acutissimo di scoprire qualche cosa, senza farmene accorgere, debbo di continuo cancellarmi dagli occhi quella certa permalosità che di sfuggita tante volte nei loro occhi hanno i cani. Il torto è mio, il torto è mio, se non capisco nulla, se non riesco ancora a raccapezzarmi. Bisogna che mi sforzi a far le viste d'esserne anch'io persuaso e che m'ingegni di far come gli altri, per quanto mi manchi ogni criterio e ogni pratica nozione, anche di quelle cose che pajono piú comuni e piú facili.

brennt noch eine Laterne. Ich gehe auf sie zu, bleibe stehen, und, erschreckt durch das Echo, das meine Schritte in der Stille ausgelöst haben, wage ich nicht aufzusehen, sondern schaue auf meine Hände, betrachte sie von beiden Seiten, schließe sie zur Faust, öffne sie wieder, betaste mich mit ihnen, suche an mir herum, auch um zu fühlen, wie ich beschaffen bin; denn nicht einmal dessen kann ich mir mehr sicher sein: daß es mich wirklich gibt, und daß dies wahr ist.

Kurz darauf, während ich in die Stadt hineingehe, sehe ich Dinge, die mich bei jedem Schritt vor Staunen innehalten lassen würden, wenn nicht ein noch größeres Staunen mich befallen hätte bei der Beobachtung, daß all die anderen, die mir doch gleichen, sich inmitten dieser Dinge bewegen, ohne im mindesten auf sie zu achten, als schienen sie ihnen ganz natürlich und gewöhnlich. Mir ist, als würde ich weitergezogen, aber auch hier bemerke ich nicht, daß man mir Gewalt antut. Alles ist mir fremd, und ich fühle mich innerlich wie gelähmt. Aber ich überlege mir: Ich weiß ja nicht einmal, wie, von wo und warum ich hierher gekommen bin, und habe darum gewiß unrecht. Alle anderen werden recht haben, die offenbar nicht nur das, sondern alles wissen, was sie tun. In der Gewißheit, nichts falsch zu machen, sind sie ohne die geringste Unsicherheit so ganz natürlich davon überzeugt, so und nicht anders handeln zu müssen. Ich würde gewiß Verwunderung, Tadel, vielleicht sogar Entrüstung hervorrufen, wenn ich wegen ihres Aussehens, wegen mancher ihrer Handlungen oder ihres Gesichtsausdrucks zu lachen anfinge oder mein Erstaunen zeigte. In meinem heftigen Wunsch, etwas zu entdecken, ohne dabei aufzufallen, muß ich ständig den gewissen Ausdruck der Verletzlichkeit aus meinen Augen löschen, der so oft in den Augen von Hunden ist. Es ist meine Schuld, meine Schuld, wenn ich nichts begreife, wenn ich mich noch nicht zurechtfinden kann. Ich muß mich anstrengen, damit es so aussieht, als wäre auch ich von all dem überzeugt, und muß mich bemühen, alles so zu machen wie die anderen, obwohl mir jede Richtlinie und jede Erfahrung fehlt, sogar hinsichtlich der Dinge, die anscheinend ganz alltäglich und einfach sind.

Non so da che parte rifarmi, che via prendere, che cosa mettermi a fare.

Possibile però ch'io sia già tanto cresciuto, rimanendo sempre come un bambino e senz'aver fatto mai nulla? Avrò forse lavorato in sogno, non so come. Ma lavorato ho certo; lavorato sempre, e molto, molto. Pare che tutti lo sappiano, del resto, perché tanti si voltano a guardarmi e piú d'uno anche mi saluta, senza ch'io lo conosca. Resto dapprima perplesso, se veramente il saluto sia rivolto a me; mi guardo accanto; mi guardo dietro. Mi avranno salutato per sbaglio?

Ma no, salutano proprio me. Combatto imbarazzato, con una certa vanità che vorrebbe e pur non riesce a illudersi, e vado innanzi come sospeso, senza potermi liberare da uno strano impaccio per una cosa – lo riconosco – veramente meschina: non sono sicuro dell'abito che ho addosso; mi sembra strano che sia mio; e ora mi nasce il dubbio che salutino quest'abito e non me. E io intanto con me, oltre a questo, non ho piú altro!

Torno a cercarmi addosso. Una sorpresa. Nascosta nella tasca in petto della giacca tasto come una bustina di cuojo. La cavo fuori, quasi certo che non appartenga a me ma a quest'abito non mio. É davvero una vecchia bustina di cuojo, gialla scolorita slavata, quasi caduta nell'acqua di un ruscello o d'un pozzo e ripescata. La apro, o, piuttosto, ne stacco la parte appiccicata, e vi guardo dentro. Tra poche carte ripiegate, illeggibili per le macchie che l'acqua v'ha fatte diluendo l'inchiostro, trovo una piccola immagine sacra, ingiallita, di quelle che nelle chiese si regalano ai bambini e, attaccata ad essa quasi dello stesso formato e anch'essa sbiadita, una fotografia. La spiccico, la osservo. Oh! È la fotografia di una bellissima giovine, in costume da bagno, quasi nuda, con tanto vento nei capelli e le braccia levate vivacemente nell'atto di

Ich weiß nicht, an welchem Ende beginnen, welchen Weg einschlagen, was tun.

Aber ist es denn möglich, daß ich schon so erwachsen bin und dabei immer noch wie ein Kind, ohne je etwas getan zu haben? Vielleicht habe ich im Traum gearbeitet, wie – das weiß ich nicht. Aber gearbeitet habe ich sicher; immer viel, sehr viel gearbeitet. Das scheinen übrigens alle zu wissen, denn viele drehen sich nach mir um, und manch einer grüßt mich sogar, ohne daß ich ihn kenne. Erst bin ich unsicher, ob der Gruß wirklich mir gilt: ich blicke neben mich, ich blicke mich um. Hat man mich vielleicht aus Versehen gegrüßt? Aber nein, man meint tatsächlich mich. Ich kämpfe verlegen gegen eine gewisse Eitelkeit an, die sich einer Täuschung hingeben möchte und es doch nicht kann; wie schwebend gehe ich weiter, ohne mich von einer seltsamen Beklemmung freimachen zu können, die eine – zugegeben – wirklich klägliche Ursache hat: Ich fühle mich unsicher wegen des Anzugs, den ich trage; es kommt mir seltsam vor, daß er mir gehören soll; und jetzt regt sich in mir der Verdacht, daß man diesen Anzug grüßt und nicht mich. Und ich habe außer diesem keinen anderen mit!

Ich suche noch einmal an mir herum. Eine Überraschung. In der Brusttasche der Jacke verborgen fühle ich etwas wie ein kleines Etui aus Leder. Ich hole es heraus, fast überzeugt, daß es nicht mir gehört, sondern zu diesem fremden Anzug. Es ist tatsächlich ein altes kleines Etui aus gelbem Leder, so ausgeblichen und verwaschen, als wäre es in einen Bach oder einen Brunnen gefallen und wieder herausgefischt worden. Ich öffne es oder löse vielmehr die aneinandergeklebten Teile voneinander und schaue hinein. Zwischen zusammengefalteten Papieren – unleserlich wegen der Wasserflecken, die die Tinte verwischt haben – finde ich ein kleines vergilbtes Heiligenbild von der Art, wie sie Kindern in der Kirche geschenkt werden; und an ihm klebt ein Photo, fast von gleicher Größe und ebenso verblichen. Ich löse es ab und betrachte es. Oh! Es ist das Photo einer wunderschönen jungen Frau im Badeanzug, fast nackt, der starke Wind in ihrem Haar, mit erhobenen

salutare. Ammirandola, pur con una certa pena, non so, quasi lontana, sento che mi viene da essa l'impressione, se non proprio la certezza, che il saluto di queste braccia, cosí vivacemente levate nel vento, sia rivolto a me. Ma per quanto mi sforzi, non arrivo a riconoscerla. È mai possibile che una donna cosí bella mi sia potuta sparire dalla memoria, portata via da tutto quel vento che le scompiglia la testa? Certo, in questa bustina di cuojo caduta un tempo nell'acqua, quest'immagine, accanto all'immagine sacra, ha il posto che si dà a una fidanzata.

Torno a cercare nella bustina e, piú sconcertato che con piacere, nel dubbio che non m'appartenga, trovo in un ripostiglio segreto un grosso biglietto di banca, chi sa da quanto tempo lí riposto e dimenticato, ripiegato in quattro, tutto logoro e qua e là bucherellato sul dorso delle ripiegature già lise.

Sprovvisto come sono di tutto, potrò darmi aiuto con esso? Non so con qual forza di convinzione, l'immagine ritratta in quella piccola fotografia m'assicura che il biglietto è mio. Ma c'è da fidarsi d'una testolina cosí scompigliata dal vento? Mezzogiorno è già passato; casco dal languore: bisogna che prenda qualcosa, ed entro in una trattoria.

Con maraviglia, anche qui mi vedo accolto come un ospite di riguardo, molto gradito. Mi si indica una tavola apparecchiata e si scosta una seggiola per invitarmi a prender posto. Ma io son trattenuto da uno scrupolo. Fo cenno al padrone e, tirandolo con me in disparte, gli mostro i grosso biglietto logorato. Stupito, lui lo mira; pietosamente per lo stato in cui è ridotto, lo esamina; poi mi dice che senza dubbio è di gran valore ma ormai da molto tempo fuori di corso. Però non tema: presentato alla banca da uno come me, sarà certo accettato e cambiato in altra piú spicciola moneta corrente.

Cosí dicendo il padrone della trattoria esce con me

Armen lebhaft zum Gruße winkend. Während ich sie mit einem gewissen entrückten, schmerzlichen Gefühl bewundere, spüre ich von dem Bild den Eindruck, ja die Gewißheit mir entgegenkommen, daß der Gruß dieser Arme, die da so lebhaft in den Wind gestreckt sind, mir gilt. Aber so sehr ich mich auch bemühe, es gelingt mir nicht, sie wiederzuerkennen. Ist es möglich, daß eine so schöne Frau aus meinem Gedächtnis entschwinden konnte, fortgeweht von all dem Wind, der ihr das Haar zerzaust? Jedenfalls nimmt die Photographie neben dem Heiligenbild in diesem Lederetui, das einmal ins Wasser gefallen war, den Platz ein, den man einer Verlobten gibt.

Ich suche noch einmal darin, und mehr verwirrt als erfreut, im Zweifel, ob sie mir gehört, finde ich in einem Geheimfach eine große Banknote, die hier vor wer weiß wie langer Zeit hineingelegt und vergessen worden ist, zweimal zusammengefaltet, ganz abgegriffen und hier und da an den schon dünn gewordenen Faltstellen brüchig.

Ob ich, vollkommen mittellos wie ich bin, mich mit diesem Geldschein behelfen kann? Ich weiß nicht, mit welcher Überzeugungskraft die Gestalt auf der kleinen Photographie mir versichert, daß der Schein mir gehört. Aber kann man einem so vom Wind zerzausten Köpfchen trauen? Mittag ist schon vorbei. Ich bin schon ganz schwach vor Hunger. Ich muß etwas zu mir nehmen und betrete ein Gasthaus.

Zu meiner Verwunderung werde ich auch hier wie ein angesehener und sehr willkommener Gast empfangen. Man weist mich an einen gedeckten Tisch, rückt mir einen Stuhl zurecht und bittet mich, Platz zu nehmen. Aber gewisse Bedenken halten mich zurück. Ich mache dem Wirt ein Zeichen, nehme ihn beiseite und zeige ihm die große abgegriffene Banknote. Er betrachtet sie erstaunt, bedauert ihren Zustand und prüft sie genauer. Dann sagt er mir, daß sie zweifellos sehr viel wert, aber schon seit langer Zeit nicht mehr im Umlauf sei. Ich solle jedoch unbesorgt sein: von jemandem wie mir bei der Bank vorgelegt, würde sie gewiß angenommen und in kleinere gültige Münzen gewechselt werden.

Bei diesen Worten tritt der Wirt mit mir aus der Tür des

fuori dell'uscio di strada e m'indica l'edificio della banca lí presso.

Ci vado, e tutti anche in quella banca mi si mostrano lieti di farmi questo favore. Quel mio biglietto – mi dicono – è uno dei pochissimi non rientrati ancora alla banca, la quale da qualche tempo a questa parte non dà piú corso se non a biglietti di piccolissimo taglio. Me ne dànno tanti e poi tanti, che ne resto imbarazzato e quasi oppresso. Ho con me solo quella naufraga bustina di cuoio. Ma mi esortano a non confondermi. C'è rimedio a tutto. Posso lasciare quel mio danaro in deposito alla banca, in conto corrente. Fingo d'aver compreso; mi metto in tasca qualcuno di quei biglietti e un libretto che mi dànno in sostituzione di tutti gli altri che lascio, e ritorno alla trattoria. Non vi trovo cibi per il mio gusto; temo di non poterli digerire. Ma già si dev'esser sparsa la voce ch'io, se non proprio ricco, non sono certo piú povero; e infatti, uscendo dalla trattoria, trovo un'automobile che m'aspetta e un autista che si leva con una mano il berretto e apre con l'altra lo sportello per farmi entrare. Io non so dove mi porti. Ma com'ho un'automobile, si vede che, senza saperlo, avrò anche una casa.

Ma sí, una bellissima casa, antica, dove certo tanti prima di me hanno abitato e tanti dopo di me abiteranno. Sono proprio miei tutti questi mobili? Mi ci sento estraneo, come un intruso. Come questa mattina all'alba la città, ora anche questa casa mi sembra deserta; ho di nuovo paura dell'eco che i miei passi faranno, movendomi in tanto silenzio. D'inverno, fa sera prestissimo; ho freddo e mi sento stanco. Mi faccio coraggio; mi muovo; apro a caso uno degli usci; resto stupito di trovar la camera illuminata, la camera da letto e, sul letto, lei, quella giovine del ritratto, viva, ancora con le due braccia nude vivacemente levate, ma questa volta per in-

Gasthauses auf die Straße hinaus und zeigt mir das nahegelegene Bankgebäude.

Ich gehe hin, und auch auf der Bank zeigen sich alle erfreut, mir diesen Gefallen zu erweisen. Die Banknote – so sagt man mir – ist eine der ganz wenigen, die noch nicht bei der Bank abgeliefert worden sind, welche seit einiger Zeit nur noch Scheine kleinsten Formats in Umlauf setzt. Man gibt mir derartig viele von diesen Scheinen, daß ich in Verlegenheit gerate und mich fast bedrückt fühle. Ich habe nur dieses Wrack von Lederetui bei mir. Aber man fordert mich auf, mir deswegen keine Gedanken zu machen. Es könne für alles Abhilfe geschaffen werden. Ich könne mein Geld auf einem laufenden Konto hier auf der Bank lassen. Ich tue, als hätte ich verstanden, stecke einige von den Scheinen in die Tasche und dazu ein Heftchen, das man mir für all die anderen Scheine gibt, die ich hier lasse, und kehre in das Gasthaus zurück. Dort finde ich jedoch keine Speisen nach meinem Geschmack. Ich fürchte, sie nicht verdauen zu können. Inzwischen muß sich schon das Gerücht verbreitet haben, daß ich, wenn nicht gerade reich, so doch keineswegs arm bin, und tatsächlich, beim Verlassen des Gasthauses finde ich ein Auto vor, das auf mich wartet, und einen Chauffeur, der mit einer Hand die Mütze abnimmt und mit der anderen die Autotür öffnet, damit ich einsteige. Ich weiß nicht, wohin er mich bringt. Doch ebenso wie ich ein Auto habe, werde ich wohl, ohne es zu wissen, auch ein Haus haben. O ja, ein wunderschönes altes Haus, in dem sicher viele Menschen vor mir gewohnt haben und viele nach mir wohnen werden. Gehören all diese Möbel wirklich mir? Ich fühle mich fremd hier, wie ein Eindringling. Wie heute früh im Morgengrauen die Stadt, so erscheint mir jetzt dieses Haus wie ausgestorben. Wieder habe ich Angst vor dem Echo, das meine Schritte auslösen werden, wenn ich mich in dieser Stille bewege. Im Winter wird es früh Abend. Ich friere und bin müde. Schließlich fasse ich Mut. Ich gehe und öffne auf gut Glück eine der Türen. Voller Staunen halte ich inne: das Zimmer ist erleuchtet, es ist das Schlafzimmer, und auf dem Bett finde ich sie, die junge Frau von dem Bild, lebendig, immer noch mit

vitarmi ad accorrere a lei e per accogliermi tra esse, festante.

È un sogno?

Certo, come in un sogno, lei su quel letto, dopo la notte, la mattina all'alba, non c'é piú. Nessuna traccia di lei. E il letto, che fu cosí caldo nella notte, è ora, a toccarlo, gelato, come una tomba. E c'è in tutta la casa quell'odore che cova nei luoghi che hanno preso la polvere, dove la vita è appassita da tempo, e quel senso d'uggiosa stanchezza che per sostenersi ha bisogno di ben regolate e utili abitudini. Io ne ho avuto sempre orrore. Voglio fuggire. Non è possibile che questa sia la mia casa. Questo è un incubo. Certo ho sognato uno dei sogni piú assurdi. Quasi per averne la prova, vado a guardarmi a uno specchio appeso alla parete dirimpetto, e subito ho l'impressione d'annegare, atterrito, in uno smarrimento senza fine. Da quale remota lontananza i miei occhi, quelli che mi par d'avere avuti da bambino, guardano ora, sbarrati dal terrore, senza potersene persuadere, questo viso di vecchio? Io, già vecchio? Cosí subito? E com'è possibile?

Sento picchiare all'uscio. Ho un sussulto. M'annunziano che sono arrivati i miei figli.

I miei figli?

Mi pare spaventoso che da me siano potuti nascere figli. Ma quando? Li avrò avuti ieri. Ieri ero ancora giovane. È giusto che ora, da vecchio, li conosca.

Entrano, reggendo per mano bambini, nati da loro. Subito accorrono a sorreggermi; amorosamente mi rimproverano d'essermi levato di letto; premurosamente mi mettono a sedere, perché l'affanno mi cessi. Io, l'affanno? Ma sí, loro lo sanno bene che non posso piú stare in piedi e che sto molto male.

Seduto, li guardo, li ascolto; e mi sembra che mi stiano facendo in sogno uno scherzo.

Già finita la mia vita?

lebhaft erhobenen nackten Armen – aber diesmal fordern sie mich auf, zu ihr zu eilen, um mich freudig zu umschließen.

Ist es ein Traum?

Sicher ist, wie in einem Traum: Nach der Nacht, im ersten Morgengrauen, ist sie nicht mehr da. Keine Spur mehr von ihr. Und das Bett, das so warm war in der Nacht, fühlt sich jetzt eiskalt an – wie ein Grab. Und im ganzen Haus dieser Geruch, der sich in verstaubten Räumen einnistet, wo das Leben seit langem verwelkt ist, und wo jene verdrossene Müdigkeit wohlgeregelte nützliche Gewohnheiten braucht, um sich aufrechtzuhalten. Ich habe davor immer Abscheu empfunden. Ich will fliehen. Das kann unmöglich mein Haus sein. Es ist ein Alptraum. Sicher habe ich einen der unsinnigsten Träume gehabt. Wie um die Bestätigung dafür zu erhalten, betrachte ich mich in einem Spiegel, der an der gegenüberliegenden Wand hängt, und plötzlich habe ich das schreckliche Gefühl, in einer Verwirrung ohne Ende zu ertrinken. Aus welch weiter Ferne erblicken meine Augen – dieselben Augen, die ich wohl als Kind gehabt habe – jetzt ungläubig, von Entsetzen geweitet, dieses Gesicht eines alten Mannes? Bin ich das? Schon so alt? So plötzlich? Wie ist das möglich?

Ich höre es an der Tür klopfen und schrecke zusammen. Man meldet mir, meine Kinder seien gekommen.

Meine Kinder?

Ich finde es schrecklich, daß von mir Kinder geboren sein könnten. Wann denn? Es wird gestern gewesen sein. Gestern war ich noch jung. Es ist richtig, daß ich jetzt, da ich ein alter Mann bin, sie kenne.

Sie treten ein. An der Hand führen sie Kinder, eigene. Sofort eilen sie herbei, um mich zu stützen. Sie machen mir liebevoll Vorwürfe, weil ich mich vom Bett erhoben habe. Fürsorglich helfen sie mir auf einen Stuhl, damit meine Atemnot nachlasse. Atemnot? Ich? Ja, sie wissen genau, daß ich nicht mehr stehen kann und daß es mir sehr schlecht geht.

Ich sitze da, schaue sie an, höre ihnen zu, und mir scheint, daß sie im Traum einen Scherz mit mir machen.

Mein Leben – schon zu Ende?

E mentre sto a osservarli, cosí tutti curvi attorno a me, maliziosamente, quasi non dovessi accorgermene, vedo spuntare nelle loro teste, proprio sotto i miei occhi, e crescere, crescere non pochi, non pochi capelli bianchi.

– Vedete, se non è uno scherzo? Già anche voi, i capelli bianchi.

E guardate, guardate quelli che or ora sono entrati da quell'uscio bambini: ecco, è bastato che si siano appressati alla mia poltrona: si son fatti grandi; e una, quella, è già una giovinetta che si vuol far largo per essere ammirata. Se il padre non la trattiene, mi si butta a sedere sulle ginocchia e mi cinge il collo con un braccio, posandomi sul petto la testina.

Mi vien l'impeto di balzare in piedi. Ma debbo riconoscere che veramente non posso piú farlo. E con gli stessi occhi che avevano poc'anzi quei bambini, ora già cosí cresciuti, rimango a guardare finché posso, con tanta tanta compassione, ormai dietro a questi nuovi, i miei vecchi figliuoli.

Während ich sie betrachte, wie sie alle um mich herumstehen und sich verstohlen, fast als sollte ich es nicht bemerken, über mich beugen, da sehe ich auf ihren Köpfen, buchstäblich vor meinen Augen, nicht wenige, nicht wenige weiße Haare sprießen und wachsen, wachsen.

«Nun seht doch, ob das kein Scherz ist! Auch ihr habt schon weißes Haar.»

Und seht, seht nur die, die eben als Kinder zur Tür hereingekommen sind: Es genügte, daß sie sich meinem Lehnstuhl näherten – schon sind sie groß. Eine, die da drüben, ist eine junge Dame, die sich vordrängen möchte, um bewundert zu werden. Wenn der Vater sie nicht hält, setzt sie sich noch auf meinen Schoß, schlingt einen Arm um meinen Hals und legt ihr Köpfchen an meine Brust.

Ich verspüre plötzlich große Lust, aufzuspringen. Aber ich muß zugeben, daß ich dazu wirklich nicht mehr imstande bin. Und mit den gleichen Augen, die vorhin die Kinder dort hatten, die jetzt schon so groß geworden sind, schaue ich – solange ich kann – mit unendlichem Mitleid meine alten Kinder an, die nun hinter diesen neuen stehen.

La Giara

Piena anche per gli olivi, quell'annata. Piante massaje, cariche l'anno avanti, avevano raffermato tutte, a dispetto della nebbia che le aveva oppresse sul fiorire.

Lo Zirafa, che ne aveva un bel giro nel suo podere delle Quote a Primosole, prevedendo che le cinque giare vecchie di coccio smaltato che aveva in cantina non sarebbero bastate a contener tutto l'olio della nuova raccolta, ne aveva ordinata a tempo una sesta piú capace a Santo Stefano di Camastra, dove si fabbricavano: alta a petto d'uomo, bella panciuta e maestosa, che fosse delle altre cinque la badessa.

Neanche a dirlo, aveva litigato anche col fornaciajo di là per questa giara. E con chi non la attaccava don Lollò Zirafa? Per ogni nonnulla, anche per una pietruzza caduta dal murello di cinta, anche per una festuca di paglia, gridava che gli sellassero la mula per correre in città a fare gli atti. Cosí, a furia di carta bollata e d'onorarii agli avvocati, citando questo, citando quello e pagando sempre le spese per tutti, s'era mezzo rovinato.

Dicevano che il suo consulente legale, stanco di vederselo comparire davanti due o tre volte la settimana, per levarselo di torno, gli aveva regalato un libricino come quelli da messa: il codice, perché si scapasse a cercare da sé il fondamento giuridico alle liti che voleva intentare.

Prima, tutti coloro con cui aveva da dire, per prenderlo in giro gli gridavano: – «Sellate la mula!» – Ora, invece: – «Consultate il calepino!»

E don Lollò rispondeva:

– Sicuro, e vi fulmino tutti, figli d'un cane!

Quella giara nuova, pagata quattr'onze ballanti e sonanti, in attesa del posto da trovarle in cantina, fu allogata provvisoriamente nel palmento. Una giara

Der Krug

Auch für die Oliven war es ein gutes Jahr. Die reich tragenden
Bäume, die im Vorjahr schwer beladen gewesen waren, hatten
alle wieder angesetzt, trotz des Nebels, der in der Blütezeit auf
ihnen gelastet hatte.

Zirafa, der auf seinem Bauernhof Quote in Primosole eine
schöne Anzahl Ölbäume hatte, sah voraus, daß die fünf alten
Krüge aus glasiertem Ton, die im Keller standen, nicht ausrei-
chen würden, alles Öl der neuen Ernte aufzunehmen, und hatte beizeiten einen sechsten, größeren in Sankt Stefano di Camastra, wo sie hergestellt wurden, in Auftrag gegeben: einem
Mann bis an die Brust reichend, schön bauchig und majestä-
tisch, als sollte er für die anderen fünf den Abt stellen.

Selbstverständlich hatte er auch mit dem Tonbrenner drüben
wegen des Kruges gestritten, denn mit wem fing Don Lollò
Zirafa keinen Streit an! Wegen jeder Kleinigkeit, wegen eines
Steinchens, das aus dem Grenzmäuerchen gefallen war, sogar
wegen eines Strohhalms brüllte er, man solle ihm das Maultier
satteln, damit er in die Stadt eilen konnte, um Anzeige zu er-
statten. So hatte er sich durch all die Ausgaben für Stempel-
papier und Anwaltshonorare schon halb zugrunde gerichtet,
indem er mal diesen, mal jenen verklagte und immer für alle
zahlen mußte. Es hieß, sein Rechtsberater, der es leid war, ihn
zwei-, dreimal wöchentlich bei sich zu sehen, habe ihm, um
ihn loszuwerden, ein Büchlein geschenkt, das wie ein Meßbuch
aussah: das Zivilgesetzbuch, damit er selber nachdenken und
die juristischen Grundlagen für die Streitsachen, die er beginnen wollte, ausfindig machen sollte.

Früher riefen alle, mit denen er verzankt war, um ihn zu
verspotten: «Sattelt das Maultier!», jetzt hingegen: – «Schlagt
im gelehrten Buch nach!»

Und Don Lollò antwortete:

«Gewiß, und ich drehe euch den Hals um, ihr Hundesöhne!»

Dieser neue Krug, für den er vier springende, klingende
Unzen bezahlt hatte, wurde einstweilen im Kelterraum unter-
gebracht, bis ein Platz im Keller gefunden war. Einen solchen

cosí non s'era mai veduta. Allogata in quell'antro intanfato di mosto e di quell'odore acre e crudo che cova nei luoghi senz'aria e senza luce, faceva pena.

Da due giorni era cominciata l'abbacchiatura delle olive, e don Lollò era su tutte le furie perché, tra gli abbacchiatori e i mulattieri venuti con le mule cariche di concime da depositare a mucchi su la costa per la favata della nuova stagione, non sapeva piú come spartirsi, a chi badar prima. E bestemmiava come un turco e minacciava di fulminare questi e quelli, se un'oliva, che fosse un'oliva, gli fosse mancata, quasi le avesse prima contate tutte a una a una su gli alberi; o se non fosse ogni mucchio di concime della stessa misura degli altri. Col cappellaccio bianco, in maniche di camicia, spettorato, affocato in volto e tutto sgocciolante di sudore, correva di qua e di là, girando gli occhi lupigni e stropicciandosi con rabbia le guance rase, su cui la barba prepotente rispuntava quasi sotto la raschiatura del rasojo.

Ora, alla fine della terza giornata, tre dei contadini che avevano abbacchiato, entrando nel palmento per deporvi le scale e le canne, restarono alla vista della bella giara nuova, spaccata in due, come se qualcuno, con un taglio netto, prendendo tutta l'ampiezza della pancia, ne avesse staccato tutto il lembo davanti.

– Guardate! guardate!

– Chi sarà stato?

– Oh mamma mia! E chi lo sente ora don Lollò? La giara nuova, peccato!

Il primo, piú spaurito di tutti, propose di raccostar subito la porta e andare via zitti zitti, lasciando fuori, appoggiate al muro, le scale e le canne.

Ma il secondo:

– Siete pazzi? Con don Lollò? Sarebbe capace di credere che gliel'abbiamo rotta noi. Fermi qua tutti!

Uscí davanti al palmento e, facendosi portavoce delle mani, chiamò:

Krug hatte man noch nie gesehen. Er tat einem richtig leid in diesem Loch voll Mostgestank und dem beißend herben Geruch, von denen Räume ohne Luft und Licht erfüllt sind.

Vor zwei Tagen hatte das Olivenschlagen begonnen, und Don Lollò war außer sich; er wußte nicht mehr, wie er sich zwischen den Olivenschlägern und den Maultiertreibern, die mit ihren Lasttieren den Dünger brachten – er sollte in Haufen längs des Abhanges für die nächstjährigen Ackerbohnen abgeladen werden – aufteilen und um wen er sich zuerst kümmern sollte. Er fluchte wie ein Droschkenkutscher und drohte, diesem und jenem den Hals umzudrehen, wenn eine Olive, auch nur eine einzige, ihm fehlen würde, fast als hätte er sie Stück für Stück an den Bäumen gezählt; oder wenn nicht jeder Düngerhaufen genau so groß wäre wie der andere. Einen häßlichen weißen Hut auf dem Kopf, hemdsärmelig, mit offener Brust, feuerrot im Gesicht und triefend von Schweiß, rannte er hin und her, ließ seine Wolfsaugen kreisen und rieb sich voller Wut die rasierten Wangen, auf denen der übermäßige Bartwuchs fast schon unter dem Rasiermesser wieder sproß.

Am Abend des dritten Tages nun betraten drei von den Landarbeitern, die Oliven geschlagen hatten, den Kelterraum, um dort die Leitern und Stangen abzustellen und blieben erstaunt stehen beim Anblick des schönen neuen Kruges; er war in zwei Teile zerbrochen, als hätte jemand mit einem scharfen Hieb den ganzen bauchigen Vorderteil glatt abgeschnitten.

«Seht doch! Seht doch!»

«Wer mag das gewesen sein?»

«Ach, du lieber Himmel! Was wird Don Lollò jetzt sagen? Der neue Krug, wie schade!»

Der erste, ängstlicher, als die anderen, schlug vor, die Tür schnell anzulehnen, die Leitern und die Stangen draußen an der Mauer abzustellen und sich leise fortzuschleichen.

Aber der zweite:

«Seid ihr verrückt? Das bei Don Lollò? Der wäre imstande zu glauben, wir hätten ihn zerbrochen. Alle hiergeblieben!»

Er trat aus dem Kelterraum, hielt die Hände als Sprachrohr vor den Mund und rief:

– Don Lollò! Ah, don Lollòooo!

Eccolo là sotto la costa con gli scaricatori del con-cime: gesticolava al solito furiosamente, dandosi di tratto in tratto con ambo le mani una rincalcata al cappellaccio bianco. Arrivava talvolta, a forza di quelle rincalcate, a non poterselo piú strappare dalla nuca e dalla fronte. Già nel cielo si spegnevano gli ultimi fuochi del crepuscolo, e tra la pace che scendeva su la campagna con le ombre della sera e la dolce frescura, avventavano i gesti di quell'uomo sempre infuriato.

– Don Lollò! Ah, don Lollòooo!

Quando venne su e vide lo scempio, parve volesse impazzire. Si scagliò prima contro quei tre; ne afferrò uno per la gola e lo impiccò al muro, gridando:

– Sangue della Madonna, me la pagherete!

Afferrato a sua volta dagli altri due, stravolti nelle facce terrigne e bestiali, rivolse contro se stesso la rabbia furibonda, sbatacchiò a terra il cappellaccio, si percosse le guance, pestando i piedi e sbraitando a modo di quelli che piangono un parente morto:

– La giara nuova! Quattr'onze di giara! Non inci-gnata ancora!

Voleva sapere chi gliel'avesse rotta! Possibile che si fosse rotta da sé? Qualcuno per forza doveva averla rotta, per infamità o per invidia! Ma quando? ma come? Non si vedeva segno di violenza! Che fosse arrivata rotta dalla fabbrica? Ma che! Sonava come una campana!

Appena i contadini videro che la prima furia gli era caduta, cominciarono a esortarlo a calmarsi. La giara si poteva sanare. Non era poi rotta malamente. Un pezzo solo. Un bravo conciabrocche l'avrebbe rimessa su, nuova. C'era giusto Zi' Dima Licasi, che aveva scoperto un mastice miracoloso, di cui serbava gelosa-mente il segreto: un mastice, che neanche il martello ci poteva, quando aveva fatto presa. Ecco: se don

«Don Lollò! He-e, Don Lollòooo!»

Da war er ja, dort unten am Abhang bei den Männern, die den Mist abluden. Wie gewöhnlich fuchtelte er wie rasend herum und drückte sich von Zeit zu Zeit den häßlichen weißen Hut mit beiden Händen fester auf den Kopf. Manchmal brachte er es so weit, daß er ihn vor lauter Festdrücken nicht mehr von Stirn und Nacken losbekam. Am Himmel erlosch bereits die letzte Glut der untergehenden Sonne, und gegen den Frieden, der sich mit den abendlichen Schatten und der wohltuenden Kühle auf das Land herniedersenkte, stachen die Gesten des immer erzürnten Mannes seltsam ab.

«Don Lollò! He-e, Don Lollòoo!»

Als er heraufkam und die Schandtat sah, schien er den Verstand zu verlieren. Er warf sich auf die drei, packte einen an der Kehle, drückte ihn an die Wand, würgte ihn und schrie:

«Beim Blut der Madonna, das werdet Ihr mir bezahlen!»

Seinerseits gepackt von den beiden anderen, die ihn mit verzerrten, erdfahlen wilden Gesichtern festhielten, richtete er seine tobende Wut gegen sich selbst, schleuderte den häßlichen Hut auf die Erde, schlug sich die Wangen, stampfte und heulte wie einer, der einen verstorbenen Verwandten beweint:

«Der neue Krug! Ein Krug für vier Unzen! Noch gar nicht benutzt!»

Er wollte wissen, wer ihn zerbrochen hatte. Konnte er denn von allein zersprungen sein? Jemand mußte ihn doch zerschlagen haben, aus Gemeinheit oder aus Neid! Aber wann? Aber wie? Man sah keinerlei Zeichen von Gewaltanwendung. Sollte er mit einem Sprung aus der Töpferei gekommen sein? Aber nein! Er hatte geklungen wie eine Glocke!

Kaum sahen die Männer, daß seine erste Wut verraucht war, da begannen sie ihm zuzureden, er möge sich beruhigen. Der Krug lasse sich reparieren. Er sei schließlich nicht so schlimm zerbrochen. Ein einziges Stück nur. Ein tüchtiger Geschirrflicker würde ihn wieder wie neu machen. Es war doch gerade Zi'Dima Licasi da, der einen wunderbaren Kitt erfunden hatte, dessen Geheimnis er sorgsam hütete: einen Kitt, dem nicht einmal ein Hammer etwas anhaben könne, wenn er erst ge-

Lollò voleva, domani, alla punta dell'alba, Zi' Dima Licasi sarebbe venuto lí e, in quattro e quattr'otto, la giara, meglio di prima.

Don Lollò diceva di no, a quelle esortazioni: ch'era tutto inutile; che non c'era piú rimedio; ma alla fine si lasciò persuadere, e il giorno appresso, all'alba, puntuale, si presentò a Primosole Zi' Dima Licasi con la cesta degli attrezzi dietro le spalle.

Era un vecchio sbilenco, dalle giunture storpie e nodose, come un ceppo antico d'olivo saraceno. Per cavargli una parola di bocca ci voleva l'uncino. Mutria, o tristezza radicate in quel suo corpo deforme; o anche sconfidenza che nessuno potesse capire e apprezzare giustamente il suo merito d'inventore non ancora patentato. Voleva che parlassero i fatti, Zi' Dima Licasi. Doveva poi guardasi davanti e dietro, perché non gli rubassero il segreto.

– Fatemi vedere codesto mastice, – gli disse per prima cosa don Lollò, dopo averlo squadrato a lungo, con diffidenza.

Zi' Dima negò col capo, pieno di dignità.

– All'opera si vede.

– Ma verrà bene?

Zi' Dima posò a terra la cesta; ne cavò un grosso fazzoletto di cotone rosso, logoro e tutto avvoltolato; prese a svolgerlo pian piano, tra l'attenzione e la curiosità di tutti, e quando alla fine venne fuori un pajo d'occhiali col sellino e le stanghe rotti e legati con lo spago, lui sospirò e gli altri risero. Zi' Dima non se ne curò; si pulí le dita prima di pigliare gli occhiali; se li inforcò; poi si mise a esaminare con molta gravità la giara tratta su l'aja. Disse:

– Verrà bene.

– Col mastice solo però, – disse per patto lo Zirafa, – non mi fido. Ci voglio anche i punti.

– Me ne vado, – rispose senz'altro Zi' Dima, rizzandosi e rimettendosi la cesta dietro le spalle.

trocknet war. Also, wenn es Don Lollò recht sei, würde Zi'
Dima Licasi morgen früh bei Sonnenaufgang kommen, und im
Handumdrehen sei der Krug schöner als zuvor.

Don Lollò lehnte diese Ermunterung ab: alles sei umsonst,
da sei nichts mehr zu machen. Aber zuletzt ließ er sich doch
überzeugen, und am nächsten Tag erschien in Primosole,
pünktlich beim Morgengrauen, Zi'Dima Licasi mit seinem
Werkzeugkorb auf dem Rücken.

Er war ein alter krummgewachsener Mann mit verkrüppel-
ten, knorrigen Gelenken wie ein alter sarazenischer Oliven-
stamm. Jedes Wort mußte man ihm mühsam aus der Nase
ziehen. Übellaunigkeit oder Traurigkeit wurzelten in seinem
mißgestalteten Körper, vielleicht auch das mißtrauische Gefühl, daß niemand ihn als noch unpatentierten Erfinder wür-
digte und gehörig anerkannte. Zi'Dima Licasi wollte Tatsachen
sprechen lassen. Außerdem mußte er vorn und hinten aufpas-
sen, damit ihm das Geheimnis nicht geraubt wurde.

«Zeig mir mal diesen Kitt», sagte Don Lollò als erstes, nachdem er ihn lange mißtrauisch gemustert hatte.

Zi'Dima schüttelte voll Würde den Kopf.

«Bei der Arbeit sieht man ihn.»

«Aber wird es denn gut werden?»

Zi'Dima stellte den Korb auf den Boden, holte ein großes
schäbiges, fest zusammengewickeltes Taschentuch aus rotem
Baumwollstoff hervor und machte sich daran, es unter den auf-
merksamen, neugierigen Augen aller ganz langsam auseinan-
derzuwickeln. Als schließlich eine Brille mit zerbrochenem,
bindfaden-geflicktem Gestell zum Vorschein kam, seufzte er,
und die anderen lachten. Zi'Dima kümmerte sich nicht darum,
er wischte sich die Finger ab, bevor er die Brille anfaßte und
setzte sie auf. Dann begann er würdevoll den Krug zu unter-
suchen, den man auf die Tenne herausgezogen hatte. Er sagte:

«Er wird wieder gut.»

«Aber mit dem Kitt allein trau ich mich nicht. Ich will auch
Klammern», machte Zirafa zur Bedingung.

«Dann geh ich», antwortete Zi'Dima kurz, richtete sich auf
und nahm den Korb auf den Rücken.

Don Lollò lo acchiappò per un braccio.

— Dove? Messere e porco, cosí trattate? Ma guarda un po' che arie da Carlomagno! Scannato miserabile e pezzo d'asino, ci devo metter olio, io, là dentro, e l'olio trasuda! Un miglio di spaccatura, col mastice solo? Ci voglio i punti. Mastice e punti. Comando io.

Zi' Dima chiuse gli occhi, strinse le labbra e scosse il capo. Tutti cosí! Gli era negato il piacere di fare un lavoro pulito, filato coscienziosamente a regola d'arte, e di dare una prova della virtú del suo mastice.

— Se la giara — disse — non suona di nuovo come una campana ...

— Non sento niente, — lo interruppe don Lollò. — I punti! Pago mastice e punti. Quanto vi debbo dare?

— Se col mastice solo ...

— Càzzica, che testa! — esclamò lo Zirafa. — Come parlo? V'ho detto che ci voglio i punti. C'intenderemo a lavoro finito: non ho tempo da perdere con voi.

E se n'andò a badare ai suoi uomini.

Zi' Dima si mise all'opera gonfio d'ira e di dispetto. E l'ira e il dispetto gli crebbero a ogni foro che praticava col trapano nella giara e nel lembo staccato per farvi passare il fil di ferro della cucitura. Accompagnava il frullo della saettella con grugniti a mano a mano piú frequenti e piú forti; e il viso gli diventava piú verde dalla bile e gli occhi piú aguzzi e accesi di stizza. Finita quella prima operazione, scagliò con rabbia il trapano nella cesta; applicò il lembo staccato alla giara per provare se i fori erano a egual distanza e in corrispondenza tra loro, poi con le tanaglie fece del fil di ferro tanti pezzetti quant'erano i punti che doveva dare, e chiamò per ajuto uno dei contadini che abbacchiavano.

— Coraggio, Zi' Dima! — gli disse quello, vedendogli la faccia alterata.

Zi' Dima alzò la mano a un gesto rabbioso. Aprí la

Don Lollò erwischte ihn am Arm.

«Wohin denn? Ist es Eure Art, Herren und Tiere gleich zu behandeln? Sieh mal an, was für kaiserliche Allüren! Elender Hungerleider! Schafskopf! Ich muß doch Öl hineintun, und das Öl schwitzt durch! Einen riesigen Sprung, nur mit Kitt? Ich will Klammern. Kitt und Klammern. Hier befehle ich.»

Zi'Dima schloß die Augen, preßte die Lippen aufeinander und schüttelte den Kopf. So waren sie alle! Ihm blieb die Freude versagt, eine saubere, gewissenhafte Arbeit fachgerecht auszuführen und die Wirkung seines Kittes zu beweisen.

«Wenn der Krug», sagte er, «nicht wieder wie eine Glocke klingt ...»

«Ich will nichts hören», unterbrach in Don Lollò. «Klammern! Ich zahle Kitt und Klammern. Wieviel muß ich Euch geben?»

«Wenn es nur mit dem Kitt ...»

«Verdammt, was für ein Dickschädel!» rief Zirafa. «Spreche ich nicht deutlich genug? Ich habe Euch gesagt, daß ich Klammern will. Wir werden uns verständigen, wenn die Arbeit fertig ist. Ich kann meine Zeit nicht mit Euch vergeuden.»

Und er ging fort, um auf seine Männer aufzupassen.

Zi'Dima machte sich, vor Zorn und Ärger schier platzend, an die Arbeit. Und sein Zorn und sein Ärger wuchsen mit jedem Loch, das er in den Krug und in das abgebrochene Stück bohrte, um die Drahtklammern durchziehen zu können. Er begleitete das Surren des Bohrers mit immer häufigerem, immer lauterem Brummen; sein Gesicht wurde immer grüner von Galle, und die Augen immer stechender und glühender von Ärger. Nach der ersten Arbeit warf er voller Wut den Bohrer in den Korb, hielt das abgebrochene Stück an den Krug, um festzustellen, ob die Löcher gleich weit voneinander entfernt und richtig nebeneinander saßen, kniff mit der Zange so viele Stückchen Draht ab, wie er Klammern setzen mußte, und rief einen von den Arbeitern, die Oliven schlugen, zu Hilfe.

«Nur Mut, Zi'Dima!» sagte der zu ihm, als er sein erregtes Gesicht sah.

Zi'Dima hob die Hand zu einer wütenden Gebärde. Er öff-

scatola di latta che conteneva il mastice, e lo levò al cielo, scotendolo, come per offrirlo a Dio, visto che gli uomini non volevano riconoscerne la virtú: poi col dito cominciò a spalmarlo tutt'in giro al lembo staccato e lungo la spaccatura; prese le tanaglie e i pezzetti di fil di ferro preparati avanti, e si cacciò dentro la pancia aperta della giara, ordinando al contadino d'applicare il lembo alla giara, cosí come aveva fatto lui poc'anzi. Prima di cominciare a dare i punti:

– Tira! – disse dall'interno della giara al contadino. – Tira con tutta la tua forza! Vedi se si stacca piú? Malanno a chi non ci crede! Picchia, picchia! Suona, sí o no, come una campana, anche con me qua dentro? Va', va' a dirlo al tuo padrone!

– Chi è sopra comanda, Zi' Dima, – sospirò il contadino, – e chi è sotto si danna! Date i punti, date i punti.

E Zi' Dima si mise a far passare ogni pezzetto di fil di ferro attraverso i due fori accanto, l'uno di qua e l'altro di là dalla saldatura; e con le tanaglie ne attorceva i due capi. Ci volle un'ora a passarli tutti. I sudori, giú a fontana, dentro la giara. Lavorando, si lagnava della sua mala sorte. E il contadino, di fuori, a confortarlo.

– Ora ajutami a uscirne, – disse alla fine Zi' Dima.

Ma quanto larga di pancia, tanto quella giara era stretta di collo. Zi' Dima, nella rabbia, non ci aveva fatto caso. Ora, prova e riprova, non trovava piú modo a uscirne. E il contadino, invece di dargli ajuto, eccolo là, si torceva dalle risa. Imprigionato, imprigionato lí, nella giara da lui stesso sanata, e che ora – non c'era via di mezzo – per farlo uscire, doveva esser rotta daccapo e per sempre.

Alle risa, alle grida, sopravvenne don Lollò. Zi' Dima, dentro la giara, era come un gatto inferocito.

– Fatemi uscire! – urlava. – Corpo di Dio, voglio uscire! Subito! Datemi ajuto!

nete die Blechschachtel, in der der Kitt lag, und hob ihn schüttelnd zum Himmel, wie um ihn Gott darzubieten, nachdem die Menschen seine guten Eigenschaften nicht würdigten. Dann begann er ihn mit dem Finger auf die Bruchränder des abgeschlagenen Stückes und des Kruges zu streichen. Er nahm die Zange und die vorbereiteten Drahtstückchen, stieg in den geöffneten Bauch des Kruges hinein und ließ den Arbeiter das abgeschlagene Stück so gegen den Krug drücken, wie er es vorhin getan hatte. Ehe er anfing die Klammern zu setzen, sagte er aus dem Inneren des Kruges zu dem Arbeiter:

«Zieh mal! Zieh mit aller Kraft! Siehst du, daß es hält? Verflucht sei, wer es nicht glauben will! Klopf mal, klopf! Klingt er wie eine Glocke oder etwa nicht, sogar mit mir drin? Los, geh und sag es deinem Herrn!»

«Wer oben ist, befiehlt, Zi'Dima», seufzte der Arbeiter, «wer unten ist, schindet sich ab! Setzt die Klammern, setzt die Klammern.»

Und Zi'Dima machte sich daran, immer ein Drahtstückchen durch die zwei Löcher hindurchzuführen, die, eins dieseits, eins jenseits der Bruchstelle, nebeneinanderlagen und drehte mit der Zange die beiden Enden zusammen. Er brauchte eine Stunde, um alle durchzuziehen. Ströme von Schweiß rannen in den Krug, und er klagte über sein trauriges Los. Der Arbeiter redete ihm von draußen gut zu.

«So, jetzt hilf mir heraus», sagte Zi'Dima schließlich.

Aber so weit dieser Krug um den Bauch herum war, so eng war er am Hals. Zi'Dima hatte in seiner Wut nicht darauf geachtet. Trotz aller Versuche gelang es ihm jetzt nicht mehr, herauszukommen. Und der Arbeiter, anstatt ihm zu helfen, stand da und bog sich vor Lachen. Eingesperrt, im Krug eingesperrt, den er selbst repariert hatte und den man jetzt – einen anderen Weg gab es nicht –, um den Mann herauszulassen, von neuem und für immer zerschlagen mußte.

Auf das Gelächter und Geschrei hin kam Don Lollò dazu. Zi'Dima im Krug war wie eine wild gewordene Katze.

«Laßt mich raus!» schrie er. «Herrgott, ich will raus! Sofort! Helft mir!»

Don Lollò rimase dapprima come stordito. Non sapeva crederci.

– Ma come? Là dentro? s'è cucito là dentro?

S'accostò alla giara e gridò al vecchio:

– Ajuto? E che ajuto posso darvi io? Vecchiaccio stolido, ma come? non dovevate prender prima le misure? Su, provate: fuori un braccio ... cosí! e la testa ... su ... no, piano! ... Che! giú ... aspettate! cosí no! giú, giú ... Ma come avete fatto? E la giara, adesso? Calma! Calma! Calma! – si mise a raccomandare tutt'intorno, come se la calma stessero per perderla gli altri e non lui. – Mi fuma la testa! Calma! Questo è caso nuovo ... La mula!

Picchiò con le nocche delle dita su la giara. Sonava davvero come una campana.

– Bella! Rimessa a nuovo ... Aspettate! – disse al prigioniero.

– Va' a sellarmi la mula! – ordinò al contadino; e, grattandosi con tutte le dita la fronte, seguitò a dire tra sé: – Ma vedete un po' che mi càpita! Questa non è giara! quest'è ordigno del diavolo! Fermo! fermo lí!

E accorse a regger la giara, in cui Zi'Dima, furibondo, si dibatteva come una bestia in trappola.

– Caso nuovo, caro mio, che deve risolvere l'avvocato! Io non mi fido. La mula! la mula! Vado e torno, abbiate pazienza! Nell'interesse vostro ... Intanto, piano! calma! Io mi guardo i miei. E prima di tutto, per salvare il mio diritto, faccio il mio dovere. Ecco: vi pago il lavoro, vi pago la giornata. Cinque lire. Vi bastano?

– Non voglio nulla! – gridò Zi'Dima. – Voglio uscire!

– Uscirete. Ma io, intanto, vi pago. Qua, cinque lire.

Le cavò dal taschino del panciotto e le buttò nella giara. Poi domandò, premuroso:

– Avete fatto colazione? Pane e companatico,

Don Lollò war zuerst wie betäubt. Er konnte es nicht glauben.

«Aber wie denn? Da drinnen? Hat er sich da eingenäht?»

Er trat an den Krug und schrie den Alten an:

«Helfen? Wie soll ich Euch denn helfen? Blöder alter Kerl, ist sowas möglich? Ihr hättet doch vorher Maß nehmen müssen! Los versucht mal: ein Arm heraus ... so! Jetzt den Kopf ... los ... nein, vorsichtig! ... Ach was! Wieder runter ... wartet! Nicht so! Runter, runter ... Wie habt Ihr das nur gemacht? Und der Krug jetzt? Ruhe! Ruhe! Ruhe! – bat er sich rundherum aus, als verlören die anderen die Ruhe und nicht er selbst. Mir raucht der Kopf! Ruhe! Das ist ein neuer Fall ... Das Maultier!»

Er klopfte mit den Fingerknöcheln an den Krug. Er klang wirklich wie eine Glocke.

«Schön! Wieder wie neu ... wartet!» sagte er zu dem Gefangenen.

«Geh mir das Maultier satteln!» befahl er dem Arbeiter, und indem er sich mit allen Fingern die Stirn kratzte, fuhr er zu sich selbst gewandt fort: «Da seht nur, was mir alles zustößt! Das ist kein Krug! Das ist ein Werkzeug des Teufels! Halt! Halt still da drinnen!»

Und er sprang hinzu, um den Krug festzuhalten, in dem Zi'Dima wütend um sich schlug wie ein Tier in der Falle.

«Ein neuer Fall, mein Lieber, den der Advokat entscheiden muß! Ich trau mich nicht! Das Maultier! Das Maultier! Ich bin gleich wieder zurück, habt etwas Geduld! Zu Eurem eigenen Vorteil ... Inzwischen Vorsicht! Ruhe! Ich denke an meinen Vorteil. Und vor allem, um mein Recht zu bewahren, tue ich meine Pflicht. Also: Ich zahle die Arbeit, ich bezahle Euch einen Taglohn. Fünf Lire. Genügt Euch das?»

«Ich will gar nichts!» brüllte Zi'Dima. «Ich will raus!»

«Ihr werdet schon rauskommen. Aber inzwischen bezahl ich Euch. Da, fünf Lire.»

Er zog sie aus der Westentasche und warf sie in den Krug. Dann fragte er besorgt:

«Habt Ihr was gegessen? Brot und etwas dazu, sofort! Ihr

subito! Non ne volete? Buttatelo ai cani! A me basta che ve l'abbia dato.

Ordinò che gli si désse; montò in sella, e via di galoppo per la città. Chi lo vide, credette che andasse a chiudersi da sé al manicomio tanto e in cosí strano modo gesticolava.

Per fortuna, non gli toccò di fare anticamera nello studio dell'avvocato; ma gli toccò d'attendere un bel po', prima che questo finisse di ridere, quando gli ebbe esposto il caso. Delle risa si stizzí.

– Che c'é da ridere, scusi? A vossignoria non brucia! La giara è mia!

Ma quello seguitava a ridere e voleva che gli rinarrasse il caso, com'era stato, per farci su altre risate. Dentro, eh? S'era cucito dentro? E lui, don Lollò, che pretendeva? Te ... tene ... tenerlo là dentro ... ah ah ah ... ohi ohi ohi ... tenerlo là dentro per non perderci la giara?

– Ce la devo perdere? – domandò lo Zirafa con le pugna serrate. – Il danno e lo scorno?

– Ma sapete come si chiama questo? – gli disse in fine l'avvocato. – Si chiama sequestro di persona!

– Sequestro? E chi l'ha sequestrato? – esclamò lo Zirafa. – S'è sequestrato lui da sé! Che colpa ne ho io?

L'avvocato allora gli spiegò che erano due casi. Da un canto, lui, don Lollò, doveva subito liberare il prigioniero per non rispondere di sequestro di persona; dall'altro, il conciabrocche doveva rispondere del danno che veniva a cagionare con la sua imperizia o con la sua storditaggine.

– Ah! – rifiatò lo Zirafa. – Pagandomi la giara!

– Piano! – osservò l'avvocato. – Non come se fosse nuova, badiamo!

– E perché?

– Ma perché era rotta, oh bella!

– Rotta? Nossignore. Ora è sana. Meglio che sana,

wollt nichts? Gebt es den Hunden! Mir genügt's daß ich es Euch gegeben habe.»

Er befahl, es ihm zu bringen, stieg in den Sattel, und ab ging's im Galopp in die Stadt. Wer ihn sah, glaubte, er ginge, um sich freiwillig ins Irrenhaus einzusperren, so wild und seltsam fuchtelte er herum.

Zum Glück brauchte er beim Rechtsanwalt nicht lange im Vorzimmer zu sitzen. Dafür mußte er aber eine gute Weile warten, bis der aufhörte zu lachen, nachdem er ihm den Fall geschildert hatte. Das Gelächter ärgerte ihn.

«Entschuldigen Sie, was gibt's da zu lachen? Euer Gnaden tut das natürlich nicht weh! Der Krug gehört ja mir!»

Aber der andere hörte nicht auf zu lachen und wollte, daß er ihm den Fall noch einmal erzählte, um noch einmal tüchtig darüber lachen zu können. Drinnen, ja? Er hat sich drinnen eingenäht? Und er, Don Lollò, was verlangte er? Dri ... drinbe- ... drinbehalten ... ha ha ha ... ihn da drinbehalten, um den Krug nicht zu verlieren?»

«Na, muß ich ihn denn verlieren?» fragte Zirafa mit geballten Fäusten. «Den Schaden haben und den Spott dazu?»

«Wissen Sie, wie man das nennt?» sagte schließlich der Rechtsanwalt zu ihm. «Das nennt man Freiheitsberaubung!»

«Freiheitsberaubung? Wer hat ihn denn seiner Freiheit beraubt?» rief Zirafa. «Der hat sich doch selber seiner Freiheit beraubt! Was kann ich dafür?»

Darauf erklärte ihm der Anwalt, daß es sich um zwei Fälle handele. Einerseits müsse er, Don Lollò, sofort den Gefangenen befreien, um nicht wegen Freiheitsberaubung belangt zu werden; andererseits müsse der Geschirrflicker für den Schaden aufkommen, den er durch seine Unfähigkeit oder seine Gedankenlosigkeit angerichtet hatte.

«Aha!» Zirafa atmete auf. «Indem er mir den Krug bezahlt!»

«Sachte!» sagte der Rechtsanwalt. «Nicht als ob er neu wäre, wohlgemerkt!»

«Und warum nicht?»

«Na, das ist gut! Weil er entzwei war!»

«Entzwei? Keineswegs, mein Herr. Jetzt ist er wieder heil.

lo dice lui stesso! E se ora torno a romperla, non potrò piú farla risanare. Giara perduta, signor avvocato!

L'avvocato gli assicurò che se ne sarebbe tenuto conto, facendogliela pagare per quanto valeva nello stato in cui era adesso.

– Anzi, – gli consigliò, – fatela stimare avanti da lui stesso.

– Bacio le mani, – disse don Lollò, andando via di corsa.

Di ritorno, verso sera, trovò tutti i contadini in festa attorno alla giara abitata. Partecipava alla festa anche il cane di guardia saltando e abbajando. Zi' Dima s'era calmato, non solo, ma aveva preso gusto anche lui alla sua bizzarra avventura e ne rideva con la gajezza mala dei tristi.

Lo Zirafa scostò tutti e si sporse a guardare dentro la giara.

– Ah! Ci stai bene?

– Benone. Al fresco, – rispose quello. – Meglio che a casa mia.

– Piacere. Intanto ti avverto che questa giara mi costò quattr'onze, nuova. Quanto credi che posssa costare adesso?

– Con me qua dentro? – domandò Zi' Dima.

I villani risero.

– Silenzio! – gridò lo Zirafa. – Delle due l'una: o il tuo mastice serve a qualche cosa, o non serve a nulla: se non serve a nulla, tu sei un imbroglione; se serve a qualche cosa, la giara, cosí com'è, deve avere il suo prezzo. Che prezzo? Stimala tu.

Zi' Dima rimase un pezzo a riflettere poi disse:

– Rispondo. Se lei me l'avesse fatta conciare col mastice solo, com'io volevo, io, prima di tutto, non mi troverei qua dentro, e la giara avrebbe su per giú lo stesso prezzo di prima. Cosí sconciata con questi puntacci, che ho dovuto darle per forza di qua dentro,

Besser als vorher, er sagt es ja selber! Und wenn ich ihn jetzt wieder zerschlage, kann ich ihn nicht mehr reparieren lassen. Dann ist der Krug hin, Herr Advokat!»

Der Rechtsanwalt versicherte ihm, daß man dem Rechnung tragen würde und daß Zi'Dima ihm so viel würde bezahlen müssen, wie der Krug in seinem jetzigen Zustand wert war.

«Am besten», riet er ihm, «laßt Ihr ihn vorher von Zi'Dima selber schätzen.»

«Küß die Hand», sagte Don Lollò und machte sich schleunigst auf den Weg.

Bei seiner Rückkehr, gegen Abend, fand er alle Landarbeiter feiernd um den bewohnten Krug versammelt. Auch der Wachhund nahm springend und bellend an dem Fest teil. Zi'Dima hatte sich nicht nur beruhigt, sondern hatte selbst an seinem verrückten Abenteuer Geschmack gefunden und lachte darüber mit der bitteren Fröhlichkeit der Traurigen.

Zirafa schob alle beiseite, beugte sich vor und sah in den Krug hinein.

«Heda! Hast du es bequem da drinnen?»

«Ausgezeichnet. Schön kühl», antwortete der andere. «Besser als bei mir zu Hause.»

«Freut mich. Inzwischen teile ich dir mit, daß dieser Krug mich neu vier Unzen gekostet hat. Wieviel glaubst du, kann er jetzt wert sein?»

«Mit mir hier drin?» fragte Zi'Dima.

Die Leute lachten.

«Ruhe!» schrie Zirafa. «Eins von beiden: Entweder taugt dein Kitt etwas, oder er taugt nichts: Wenn er nichts taugt, bist du ein Betrüger; wenn er etwas taugt, muß der Krug, so wie er jetzt ist, seinen Preis haben. Welchen Preis? Schätz du ihn!»

Zi'Dima dachte eine Weile nach, dann sagte er:

«Ich antworte. Wenn Sie mich ihn nur mit dem Kitt hätten reparieren lassen, so wie ich es wollte, dann würde ich vor allen Dingen gar nicht hier drin sitzen, und der Krug hätte ungefähr denselben Preis wie vorher. So verunstaltet, mit diesen häßlichen Klammern, die ich gezwungenermaßen setzen mußte,

che prezzo potrà avere? Un terzo di quanto valeva; sí e no.

– Un terzo? – domandò lo Zirafa. – Un'onza e trentatrè?

– Meno sí, piú no.

– Ebbene, – disse don Lollò. – Passi la tua parola, e dammi un'onza e trentatrè.

– Che? – fece Zi' Dima, come se non avesse inteso.

– Rompo la giara per farti uscire, – rispose don Lollò, – e tu, dice l'avvocato, me la paghi per quanto l'hai stimata: un'onza e trentatrè.

– Io, pagare? – sghignò Zi' Dima. – Vossignoria scherza! Qua dentro ci faccio i vermi.

E, tratta di tasca con qualche stento la pipetta intartarita, l'accese e si mise a fumare, cacciando il fumo per il collo della giara.

Don Lollò ci restò brutto. Quest'altro caso, che Zi' Dima ora non volesse piú uscire dalla giara, né lui né l'avvocato lo avevano previsto. E come si risolveva adesso? Fu lí lí per ordinare di nuovo: – La mula! – ma pensò ch'era già sera.

– Ah sí? – disse. – Ti vuoi domiciliare nella mia giara? Testimonii tutti qua! Non vuole uscirne lui, per non pagarla; io sono pronto a romperla!

Intanto, poiché vuole stare lí, domani io lo cito per alloggio abusivo e perché mi impedisce l'uso della giara.

Zi' Dima cacciò prima fuori un'altra boccata di fumo, poi rispose, placido:

– Nossignore. Non voglio impedirle niente, io. Sto forse qua per piacere? Mi faccia uscire, e me ne vado volentieri. Pagare ... neanche per ischerzo, vossignoria!

Don Lollò, in un impeto di rabbia, alzò un piede per avventare un calcio alla giara; ma si trattenne; la abbrancò invece con ambo le mani e la scrollò tutta, fremendo.

was für einen Preis kann er da haben? Ungefähr ein Drittel von dem, was er vorher wert war.»

«Ein Drittel?» fragte Zirafa. «Also eine Unze und dreiunddreißig?»

«Eher weniger, mehr nicht.»

«Also gut», sagte Don Lollò. «Dein Wort soll gelten; gib mir eine Unze und dreiunddreißig.

«Was?» sagte Zi'Dima, als hätte er nicht verstanden.

«Ich zerschlage den Krug, um dich herauszulassen», antwortete Don Lollò, «und du, sagt der Advokat, bezahlst ihn mir, wie du ihn geschätzt hast: eine Unze und dreiunddreißig.»

«Ich? Bezahlen?» grinste Zi'Dima höhnisch. «Euer Gnaden scherzen! Ich bleib hier drin, bis mich die Würmer fressen.»

Und er zog mit einiger Mühe seine verkrustete Pfeife hervor, steckte sie an und begann zu rauchen, wobei er den Rauch zum Hals des Kruges hinausblies.

Don Lollò war in Nöten. Diesen neuesten Fall, daß Zi'Dima nun nicht mehr aus dem Krug herauswollte, hatten weder er noch der Rechtsanwalt vorausgesehen. Wie sollte man nun vorgehen? Er wollte schon wieder befehlen: «Das Maultier!» aber da fiel ihm ein, daß es schon Abend war.

«Ach sieh mal an!» sagte er. «Du willst dich in meinem Krug häuslich niederlassen? Ihr seid alle Zeugen! Er will nicht herauskommen, um den Krug nicht zu bezahlen. Ich bin bereit, ihn zu zerschlagen. Übrigens, da er hierbleiben will, verklage ich ihn morgen wegen widerrechtlicher Wohnungsnutzung und weil er mich am Gebrauch des Kruges hindert.»

Zi'Dima blies zuerst noch einen Mundvoll Rauch hinaus, dann antwortete er gelassen:

«Keineswegs, mein Herr. Ich will Sie an gar nichts hindern. Bin ich vielleicht zu meinem Vergnügen hier? Lassen Sie mich raus, und ich gehe gern. Aber bezahlen ... nicht im Traum, Euer Gnaden!»

Don Lollò hob in einem Anfall von Wut den Fuß, um dem Krug einen Tritt zu versetzen, aber er beherrschte sich. Dafür packte er ihn mit beiden Händen und schüttelte ihn heftig, bebend vor Zorn.

– Vede che mastice? – gli disse Zi' Dima.

– Pezzo da galera! – ruggí allora lo Zirafa. – Chi l'ha fatto il male, io o tu? E devo pagarlo io? Muori di fame là dentro! Vedremo chi la vince!

E se n'andò, non pensando alle cinque lire che gli aveva buttate la mattina dentro la giara. Con esse, per cominciare, Zi' Dima pensò di far festa quella sera insieme coi contadini che, avendo fatto tardi per quello strano accidente, rimanevano a passare la notte in campagna, all'aperto, su l'aja. Uno andò a far le spese in una taverna lí presso. A farlo apposta, c'era una luna che pareva fosse raggiornato.

A una cert'ora don Lollò, andato a dormire, fu svegliato da un baccano d'inferno. S'affacciò a un balcone della cascina e vide su l'aja, sotto la luna, tanti diavoli: i contadini ubriachi che, presisi per mano, ballavano attorno alla giara. Zi' Dima, là dentro, cantava a squarciagola.

Questa volta non poté piú reggere, don Lollò: si precipitò come un toro infuriato e, prima che quelli avessero tempo di pararlo, con uno spintone mandò a rotolare la giara giú per la costa. Rotolando, accompagnata dalle risa degli ubriachi, la giara andò a spaccarsi contro un olivo.

E la vinse Zi' Dima

«Sehen Sie, was für ein Kitt?» sagte Zi'Dima zu ihm.

«Du Galgenvogel!» brauste Zirafa auf. «Wer hat denn den Schaden angerichtet, ich oder du? Und ich soll ihn bezahlen? Verhungere doch da drinnen! Wir werden ja sehen, wer siegt!»

Und er ging fort, ohne an die fünf Lire zu denken, die er ihm am Morgen in den Krug geworfen hatte. Mit denen gedachte Zi'Dima zunächst einmal den Abend zu feiern, zusammen mit den Arbeitern, die die Nacht auf dem Land unter freiem Himmel, auf der Tenne, verbringen wollten, da es durch den seltsamen Vorfall spät geworden war. Einer ging in die nahegelegene Schenke einkaufen. Wie auf Bestellung schien der Mond so hell, daß man meinen konnte, es wäre wieder Tag.

Irgendwann wurde Don Lollò, der sich schlafen gelegt hatte, von einem höllischen Lärm geweckt. Er schaute vom Balkon des Bauernhauses und sah auf der Tenne im Mondlicht lauter Teufel: die betrunkenen Arbeiter, die sich an den Händen hielten und um den Krug herumtanzten. Drinnen sang Zi'Dima aus voller Kehle.

Diesmal konnte Don Lollò nicht mehr an sich halten. Er stürzte hinaus wie ein wild gewordener Stier, und bevor die Leute Zeit fanden, ihn davon abzuhalten, versetzte er dem Krug einen gewaltigen Stoß, so daß er den Abhang hinunterrollte. Vom Gelächter der Betrunkenen begleitet, stieß der Krug gegen einen Olivenbaum und zerbrach.

Zi'Dima blieb Sieger.

Cinci

Un cane, davanti una porta chiusa, s'accula paziente aspettando che gli s'apra; al piú, alza ogni tanto una zampa e la gratta, emettendo qualche sommesso guaíto.

Cane, sa che non può fare di piú.

Di ritorno dalle lezioni del pomeriggio, Cinci, col fagotto dei libri e dei quaderni legati con la cinghia sotto il braccio, trova il cane lí davanti alla porta e, irritato da quell'attesa paziente – un calcio; calci anche alla porta, pur sapendo che è chiusa a chiave e che in casa non c'è nessuno; alla fine, ciò che gli pesa di più, quel fagotto di libri, rabbiosamente per sbarazzarsene lo scaraventa contro la porta, come se attraverso il legno possa passare e andare a finir dentro casa. La porta, invece, con la stessa forza glielo rimanda subito sul petto. Cinci ne resta sorpreso, come d'un bel gioco che la porta gli abbia proposto, e rilancia il fagotto. Allora, poiché già sono in tre a giocare, Cinci il fagotto e la porta, ci si mette anche il cane e springa a ogni lancio, a ogni rimbalzo, abbajando. Qualche passante si ferma a guardare: chi sorride, quasi avvilito della sciocchezza di quel gioco e del cane che ci si diverte; chi s'indigna per quei poveri libri; costano danari; non dovrebbe esser lecito trattarli con tanto disprezzo. Cinci leva lo spettacolo; a terra il fagotto e, strisciando con la schiena sul muro, ci si cala a sedere; ma il fagotto gli sguscia di sotto e lui sbatte a sedere in terra; fa un sorriso balordo e si guarda attorno, mentre il cane salta indietro e lo mira.

Tutte le diavolerie che gli passano per il capo Cinci le dà quasi a vedere in quei ciuffi scompigliati dei suoi capelli di stoppa e negli occhi verdi aguzzi. È nell'età sgraziata della crescenza, ispido e giallo. Tornando a scuola, quel pomeriggio, ha dimenticato a casa il faz-

Cinci

Ein Hund setzt sich vor einer verschlossenen Tür geduldig auf
die Hinterbeine und wartet, daß man ihm aufmacht; er hebt
höchstens hin und wieder leise jaulend eine Pfote und kratzt
an der Tür.

Als Hund weiß er, daß er nicht mehr tun kann.

Cinci, vom Nachmittagsunterricht zurück, das riemenge-
schnürte Bündel von Heften und Büchern unter dem Arm,
findet den Hund dort vor der Tür und fühlt sich durch dieses
geduldige Warten gereizt: ein Fußtritt! Fußtritte auch gegen
die Tür, obwohl er weiß, daß sie abgeschlossen ist und daß
niemand im Hause ist. Schließlich schmeißt er das, was ihm
am lästigsten ist, nämlich dieses Bücherbündel, um es loszuwerden, wütend gegen die Tür, als könne es das Holz durch-
dringen und im Haus landen. Aber die Tür wirft es ihm mit
gleicher Wucht sofort wieder an die Brust zurück. Cinci ist
verblüfft, wie über ein nettes Spiel, das ihm die Tür vorgeschla-
gen hat, und schleudert das Bündel noch einmal. Daraufhin, da
nun schon drei an dem Spiel beteiligt sind – Cinci, das Bündel
und die Tür – macht auch der Hund mit und springt bei jedem
Wurf und jedem Rückprall bellend hoch. Einige der Vorüberge-
henden bleiben stehen und sehen zu: einer lächelt, fast peinlich
berührt, über dieses sinnlose Spiel und den Hund, der seine
Freude daran hat; ein anderer ist entrüstet wegen der armen
Bücher. Die kosten doch Geld. Es sollte nicht erlaubt sein, sie
so rücksichtslos zu behandeln. Cinci bricht das Schauspiel ab.
Das Bündel am Boden, läßt er sich mit dem Rücken an der
Mauer hinabgleiten, um sich daraufzusetzen, aber es rutscht
unter ihm weg, und er kommt unsanft auf dem Boden zu
sitzen. Etwas verdutzt grinsend schaut er sich um, während
der Hund zurückspringt und ihn anstaunt.

All die kleinen Teufeleien, die Cinci durch den Kopf gehen,
kann man beinahe schon in seinem unordentlichen, stoppeligen
Haarschopf und seinen scharf blickenden grünen Augen erkennen. Er ist im unglücklichen Wachstumsalter, borstig und
bleich. Als er am Nachmittag wieder in die Schule ging, hat er

zoletto, per cui ora, di tanto in tanto, lí seduto a terra, sorsa col naso. Si fa venire quasi sulla faccia le ginocchia enormi delle grosse gambe scoperte, perché porta ancora, e non dovrebbe piú, i calzoni corti.

Butta sbiechi i piedi, camminando; e non ci sono scarpe che gli durino; queste che ha ai piedi sono già rotte. Ora, stufo, s'abbraccia le gambe, sbuffa e si tira su con la schiena contro il muro. Si leva anche il cane e pare gli domandi dove si vada adesso. Dove? In campagna, a far merenda, rubando qualche fico o qualche mela. È un'idea; non ne è ancora ben sicuro.

Il lastricato della strada finisce lí, dopo la casa; poi comincia la via sterrata del sobborgo che conduce in fondo in fondo alla campagna. Chi sa che bella sensazione deve provarsi, andando in carrozza, quando i ferri dei cavalli e le ruote passano dal duro del lastricato strepitoso al molle silenzioso dello sterrato. Sarà forse come quando il professore, dopo aver tanto sgridato perché lui l'ha fatto arrabbiare, tutt'a un tratto si mette a parlargli con una molle bontà soffusa di rassegnata malinconia, che tanto piú gli piace quanto piú l'allontana dal temuto castigo. Sí, andare in campagna; uscire dallo stretto delle ultime case di quel puzzolente sobborgo, fin dove la via allarga laggiú nella piazzetta all'uscita del paese. C'è ora l'ospedale nuovo laggiú, i cui muri intonacati di calce sono ancora cosí bianchi che al sole bisogna chiudere gli occhi, da come accecano. Vi hanno trasportato ultimamente tutti gli ammalati che erano nel vecchio, con le ambulanze e le lettighe; è parsa quasi una festa, vederne tante in fila; le ambulanze avanti, con tutte le tele svolazzanti ai finestrini; e, per gli ammalati piú gravi, quelle belle lettighe traballanti sulle molle, come ragni. Ma ora è tardi; il sole sta per tramontare, e qua e là ai finestroni non staranno piú affacciati i convalescenti, in càmice grigio e zucchetto

sein Taschentuch zu Hause vergessen, weswegen er nun, dort am Boden sitzend, ab und zu hochschnüffelt. Er schiebt die großen Knie fast bis ans Gesicht, die dicken Beine sind nackt, denn er trägt noch kurze Hosen, was er nicht mehr tun sollte. Beim Gehen schlenkert er die Füße schief, und es gibt keine Schuhe, die das aushalten. Die er anhat, sind auch schon zerrissen. Voll Überdruß umschlingt er jetzt seine Beine, stößt einen lauten Seufzer aus und zieht sich mit dem Rücken an der Mauer hoch. Auch der Hund erhebt sich und scheint zu fragen, wo es nun hingehen soll. Wohin? Aufs Land hinaus, um ein paar gestohlene Feigen oder Äpfel zu vespern. Aber das ist nur so ein Einfall. Cinci ist sich noch nicht ganz sicher.

Das Straßenpflaster hört dort hinter dem Haus auf. Danach beginnt die ungepflasterte Straße der Vorstadt, die ganz weit hinten aufs Land hinausführt. Wer weiß, was für ein angenehmes Gefühl es ist, wenn man hier im Wagen fährt und die Hufeisen der Pferde und die Räder plötzlich vom harten, lauten Pflaster auf den weichen geräuschlosen unbefestigten Weg übergehen! Vielleicht ist es so, wie wenn der Lehrer ihn erst fürchterlich anbrüllt, weil er ihn geärgert hat, und nun voll milder Güte und trauriger Ratlosigkeit zu ihm spricht, was ihm umso mehr gefällt, je weiter es ihn von der gefürchteten Strafe wegführt. Ja, aufs Land hinausgehen, hinaus aus der Enge der letzten Häuser dieser stinkenden Vorstadt bis dahin, wo sich die Straße dort unten am Ausgang des Ortes zu dem kleinen Platz verbreitert. Jetzt ist dort unten das neue Krankenhaus, dessen kalkverputzte Mauern noch so weiß sind, daß man bei Sonne die Augen schließen muß, weil es einen so blendet. Vor kurzem haben sie alle Kranken, die im alten Hospital waren, mit Krankenwagen und Tragbahren in das neue gebracht. Es war fast wie ein Fest, so viele hintereinander zu sehen: voran die Wagen mit den flatternden weißen Vorhängen an den Fenstern, und für die Schwerkranken die schönen Tragbahren, die sich auf ihren Sprungfedern wiegten wie auf Spinnenbeinen. Aber jetzt ist es spät, gleich geht die Sonne unter, und es werden nicht mehr da und dort die Genesenden an den großen Fenstern stehen, mit ihren grauen Kitteln und weißen Kappen,

bianco, a guardare con tristezza la chiesina vecchia dirimpetto, che sorge là tra poche altre case, vecchie anch'esse, e qualche albero. Dopo quella piazzetta la strada si fa di campagna e monta alla costa del poggio.

Cinci si ferma; torna a sbuffare. Ci deve andare davvero? Si riavvia svogliato, perché comincia a sentirsi ribollire nelle viscere tutto il cattivo che gli viene da tante cose che non sa spiegarsi: sua madre, come viva, di che viva, sempre fuori di casa, e ostinata a mandarlo ancora a scuola; maledetta, cosí lontana: ogni giorno, a volare, almeno tre quarti d'ora, di quaggiú dove sta, per arrivarci; e poi per tornare a mezzogiorno; e poi di nuovo per ritornaci, finito che ha di buttar giú due bocconi; come fare a tempo? e sua madre dice che il tempo gli passa a giocare col cane, e che è un bighellone, e insomma a sbattergli in faccia sempre le stesse cose: che non studia, che è sudicio, che se lo manda a comprare qualcosa, la peggio roba l'appiccicano a lui ...

Dov'è *Fox*?

Eccolo: gli trotta dietro, povera bestia. Eh, lui almeno lo sa che cosa deve fare: seguire il suo padrone. Fare qualche cosa: la smania è proprio questa: non sapere che cosa. Potrebbe pur lasciargliela, sua madre, la chiave, quando va a cucire a giornata, come gli dà a intendere, nelle case dei signori. Ma no, dice che non si fida, e che al suo ritorno dalla scuola, se lei non è rincasata, poco potrà tardare, e che dunque la aspetti. Dove? Lí fermo davanti alla porta? Certe volte ha aspettato perfino due ore, al freddo, e anche sotto la pioggia; e apposta allora, in luogo di ripararsi, è andato al cantone a pigliarsi lo sgrondo, per farsi trovare da lei tutto intinto da strizzare. Vederla alla fine arrivare, affannata, con un ombrello prestato, il volto in fiamme, gli occhi lustri sfuggenti, e cosí nervosa che non trova neanche piú la chiave nella borsetta.

und traurig auf die kleine alte Kirche gegenüber blicken, die dort zwischen einigen ebenso alten Häusern und ein paar Bäumen herausragt. Hinter dem kleinen Platz wird die Straße zum Feldweg und steigt den Hang hinauf.

Cinci bleibt stehen und seufzt noch einmal. Will er wirklich dorthin? Lustlos geht er weiter, denn er merkt, wie all das Schlechte wieder hochkommt, das durch so vieles, was er sich nicht erklären kann, in ihm entsteht: seine Mutter, wie sie lebt, wovon sie lebt, immer außer Haus, und daß sie darauf beharrt, ihn noch in die Schule zu schicken, verdammte Schule, so weit weg. Jeden Tag, selbst wenn er fliegt, mindestens eine dreiviertel Stunde von seiner Wohnung da unten bis dorthin; ebenso mittags für den Rückweg; und nochmal, um wieder hinzugehen, wenn er ein paar Bissen hinuntergeschlungen hat. Wie soll er da pünktlich sein? Und seine Mutter sagt, er vertrödele seine Zeit beim Spielen mit dem Hund und sei ein Faulpelz. Immerzu wirft sie ihm die gleichen Sachen vor: er lerne nichts, er sei schmutzig, man drehe ihm das schlechteste Zeug an, wenn sie ihn einkaufen schickt ...

Wo ist Fox?

Da: Er trottet hinter ihm her, das arme Tier. Na, der weiß wenigstens, was er tun soll: seinem Herrchen folgen. Etwas tun! Was Cinci quält, ist gerade, daß er nicht weiß, was. Seine Mutter könnte ihm ruhig den Hausschlüssel lassen, wenn sie tageweise zum Nähen in herrschaftliche Häuser geht, wie sie ihn glauben machen will. Aber nein, sie sagt, sie traue ihm nicht, und wenn sie bei seiner Rückkehr aus der Schule noch nicht zu Hause sei, so könne es nicht mehr lange dauern und er solle auf sie warten. Wo? Dort vor der Tür, ohne sich zu rühren? Manchmal hat er schon zwei Stunden in der Kälte oder auch im Regen gewartet. Doch da ist er absichtlich, statt sich unterzustellen, an die Hausecke unter die Dachtraufe gegangen, um sich von der Mutter zum Auswinden naß vorfinden zu lassen. Schließlich sieht er sie dann atemlos kommen, mit einem geliehenen Schirm, das Gesicht glüht, die glänzenden Augen weichen seinem Blick aus, und sie ist so zerfahren, daß sie nicht einmal den Schlüssel in der Handtasche findet.

– Ti sei bagnato? Abbi pazienza, ho dovuto far tardi.

Cinci aggrotta le ciglia. A certe cose non vuol pensare. Ma suo padre, lui, non l'ha conosciuto; gli è stato detto che è morto, prima ancora che lui nascesse; ma chi era non gli è stato detto; e ora lui non vuole piú né domandarlo né saperlo. Può essere anche quell'accidentato che si trascina perso da una parte – sí, bravo – ancora alla taverna. *Fox* gli si para davanti e gli abbaja. Gli farà impressione la stampella. Ed ecco qua tutte queste donne a crocchio, con tanto di pancia senz'esser gravide; forse una sí, quella con la sottana rizzata davanti un palmo dal suolo e che dietro spazza la strada; e quest'altra col bambino in braccio che ora cava dal busto ... ah, peuh, che pellàncica! La sua mamma è bella: ancora tanto giovane, e a lui bambino il latte, cosí dal seno, lo diede anche lei, forse in una casa di campagna, in un'aja, al sole. Ha il ricordo vago d'una casa di campagna, Cinci; dove forse, se non l'ha sognata, abitò nell'infanzia, o che forse vide allora in qualche parte, chi sa dove. Certo ora, a guardarle da lontano, le case di campagna, sente la malinconia che deve invaderle quando comincia a farsi sera, col lume che vi s'accende a petrolio, di quelli che si portano a mano da questa stanza a quella, che si vedono scomparire da una finestra e ricomparire dall'altra.

È arrivato alla piazzetta. Ora si vede tutta la cala del cielo dove il tramonto s'è già ammorzato, e sopra il poggio, che pare nero, il celeste tenero tenero. Sulla terra è già l'ombra della sera, e il grande muro bianco dell'ospedale è illividito. Qualche vecchia in ritardo s'affretta alla chiesina per il Vespro. Cinci d'improvviso s'involglia d'entrarci anche lui, e *Fox* si ferma a guardarlo, perché sa bene che a lui non è permesso. Davanti all'entrata la vecchina in ritardo s'affanna e pígola alle prese col coltrone di cuojo

«Bist du naß geworden? Entschuldige, ich konnte nicht früher kommen.»

Cinci zieht die Augenbrauen zusammen. An gewisse Dinge will er nicht denken. Seinen Vater, den, den hat er nicht gekannt. Man hat ihm gesagt, daß er noch vor seiner Geburt gestorben sei; wer er war, ist ihm nicht gesagt worden, und jetzt will er nicht mehr fragen und es nicht mehr wissen. Es könnte auch der einseitig Gelähmte dort sein, der sich – wirklich wacker! – noch ins Wirtshaus schleppt. Fox stellt sich vor ihn hin und bellt ihn an. Die Krücke scheint ihn zu ängstigen. Und da stehen alle diese Frauen schwatzend beieinander, mit dicken Bäuchen, ohne daß sie schwanger sind; höchstens die eine da mit dem Rock, der vorne eine Handbreit über den Boden hochsteht und hinten die Straße fegt. Und die andere mit dem Kind auf dem Arm, die jetzt aus dem Mieder ... äh, pfui, wie wabblig. Seine Mutter ist schön, noch ganz jung, und als er klein war, gab sie ihm auch so die Milch aus der Brust, vielleicht in einem Bauernhaus, auf der Tenne in der Sonne. Er hat eine vage Erinnerung an ein Bauernhaus, in dem er vielleicht, wenn er es nicht geträumt hat, in seiner Kindheit gewohnt hat, oder das er damals irgendwo – wer weiß wo – gesehen hat. Jetzt allerdings, wenn er die Bauernhäuser so von weitem betrachtet, fühlt er die Trübseligkeit, die sich darin verbreiten muß, wenn der Abend naht und die Petroleumlampe angezündet wird, eine von denen, die man aus einem Zimmer ins andere trägt, die man von einem Fenster verschwinden und am anderen wieder auftauchen sieht.

Cinci ist an dem kleinen Platz angelangt. Jetzt sieht man das ganze Himmelsgewölbe, an dem die untergegangene Sonne schon erloschen ist, und über dem schwarz wirkenden Hügel ein unendlich zartes Blau. Schon liegen die Schatten des Abends über der Erde, und die große weiße Mauer des Krankenhauses schimmert bläulich. Eine alte Frau eilt verspätet zum Ave Maria in die kleine Kirche. Cinci bekommt plötzlich Lust, auch hineinzugehen, und Fox bleibt stehen und sieht ihn an, denn er weiß wohl, daß er das nicht darf. Vor dem Eingang müht sich die verspätete gebrechliche Alte jammernd mit dem

troppo pesante. Cinci l'ajuta a sollevarlo, ma quella invece di ringraziarlo, lo guarda male, perché capisce che non entra in chiesa per divozione. La chiesina ha il rigido d'una grotta; sull'altare maggiore i guizzi baluginanti di due ceri e qua e là qualche lampadino smarrito. Ha preso tanta polvere, povera chiesina, per la vecchiaja; e la polvere sa d'appassito in quella cruda umidità; il silenzio tenebroso pare che stia con tutti gli echi in agguato d'ogni minimo rumore. Cinci ha la tentazione di gettare un bercio per farli tutti sobbalzare. Le beghine si sono infilate nelle panche, ciascuna al suo posto. Il bercio no, ma gettare a terra quel fagotto di libri che gli pesa, come se gli cadesse per caso di mano, perché no? Lo getta, e subito gli echi saltano addosso al colpo che rintrona e lo schiacciano, quasi con dispetto. Questa dell'eco che salta addosso a un rumore come un cane infastidito nel sonno e lo schiaccia, è un'esperienza che Cinci ha fatta con gusto altre volte. Non bisogna abusare della pazienza delle povere beghine scandalizzate. Esce dalla chiesina; ritrova *Fox* pronto a seguirlo e riprende la strada che sale al poggio. Qualche frutto da addentare bisogna che lo trovi, scavalcando piú là una muriccia e buttandosi tra gli alberi. Ha lo struggimento; ma non sa propriamente se per bisogno di mangiare o per quella smania che gli s'è messa allo stomaco, di fare qualche cosa.

Strada di campagna, in salita, solitaria; ciottoli che gli asinelli alle volte si prendono tra gli zoccoli e fanno ruzzolare per un tratto e poi, dove si fermano, stanno; eccone uno lí: un colpo con la punta della scarpa: godi, vola! erba che spunta sulle prode o a piè delle muricce, lunghi fili d'avena impennacchiati che fa piacere brucare: tutti i pennacchietti restano a mazzo nelle dita; si gettano addosso a qualcuno, e quanti se n'attaccano, tanti mariti (se è una donna) prenderà, e tante mogli se un uomo. Cinci vuol far

zu schweren Ledervorhang ab. Cinci hilft ihr, ihn anzuheben, aber die Frau sieht ihn böse an, statt sich zu bedanken; sie meint wohl, daß er nicht aus frommer Gesinnung die Kirche betritt. In der kleinen Kirche herrscht die strenge Kälte einer Grotte. Auf dem Hauptaltar das unruhige Flackern zweier Kerzen. Hier und da ein verlorenes Lämpchen. Sie ist altersstaubig, die arme kleine Kirche, und der Staub riecht in dieser rauhen Feuchtigkeit nach Verwelktem. Es ist, als liege das düstere Schweigen mit allen Echos nach dem geringsten Laut auf der Lauer. Cinci hätte Lust, ein Geheul anzustimmen, damit alle hochfahren. Die Betschwestern sind in die Bänke geschlüpft, jede auf ihren Platz. Vielleicht nicht ein Geheul, aber einfach das lästige Bücherbündel hinwerfen, als wäre es ihm zufällig aus der Hand gefallen – warum nicht? Er wirft es hin, und sofort fallen die Echos über den dröhnenden Ton her und erdrücken ihn, wie aus Trotz. Das mit dem Echo, das über ein Geräusch herfällt wie ein im Schlaf gestörter Hund und es erdrückt, ist eine Erfahrung, die Cinci schon manchmal mit Vergnügen gemacht hat. Aber man darf die Geduld der armen entrüsteten Betschwestern nicht mißbrauchen. Cinci verläßt die Kirche. Draußen findet er Fox, bereit, ihm zu folgen, und so geht er die Straße weiter, den Hang hinauf. Irgendwelche Früchte zum Hineinbeißen muß er finden, wenn er weiter drüben über eine niedrige Mauer steigt und zwischen den Bäumen hinunterspringt. Er verspürt ein heftiges Verlangen, aber er weiß nicht genau, ob es Hunger ist, was sich ihm auf den Magen gelegt hat, oder dieser Drang, irgend etwas zu tun.

Ein ansteigender, einsamer Feldweg, kleine Steine, die die Esel manchmal zwischen die Hufe bekommen und ein Stück weit rollen lassen, bis sie liegenbleiben, wo sie gelandet sind. Da ist einer: ein Stoß mit der Fußspitze – freu dich, flieg! Sprießendes Gras am Wegrand und am Fuß der Mauer; lange, buschige Haferhalme, es macht Spaß, sie abzustreifen: die ganzen kleinen Büschel bleiben einem wie ein Strauß zwischen den Fingern; man wirft sie nach jemanden; wenn es eine Frau ist, bekommt sie so viele Männer, wie Büschel an ihr hängenbleiben, wenn es ein Mann ist, so viele Frauen. Cinci will es bei

la prova su *Fox*. Sette mogli, nientemeno. Ma non è prova, perché sul pelo nero di *Fox* son rimasti impigliati tutti quanti. E *Fox*, vecchio stupido, ha chiuso gli occhi ed è rimasto, senza capir lo scherzo, con quelle sette mogli addosso.

Non ha piú voglia d'andare avanti, Cinci. È stanco e seccato. Si tira a sedere sulla muriccia a manca della strada e di là si mette a guardare nel cielo la larva della luna che comincia appena appena a ravvivarsi d'un pallido oro nel verde che s'estenua nel crepuscolo morente. La vede e non la vede; come le cose che gli vagano nella mente e l'una si cangia nell'altra e tutte l'allontanano sempre piú dal suo corpo lí seduto inerte, tanto che non se lo sente piú; la sua stessa mano, se gli s'avvistasse, posata sul ginocchio, gli sembrerebbe quella d'un estraneo, o quel suo piede penzoloni nella scarpa rotta, sporca: non è piú nel suo corpo: è nelle cose che vede e non vede, il cielo morente, la luna che s'accende, e là quelle masse cupe d'alberi che si stagliano nell'aria fatta vana, e qua la terra solla, nera, zappata da poco, da cui esala ancora quel senso d'umido corrotto nell'afa delle ultime giornate d'ottobre, ancora di sole caldo.

A un tratto, tutt'assorto com'è, chi sa che gli passa per le carni, stolza, e istintivamente alza la mano a un orecchio. Una risatina stride da sotto la muriccia. Un ragazzo della sua età, contadinotto, s'è nascosto laggiú, dalla parte della campagna. Ha strappato e brucato anche lui un lungo filo d'avena, gli ha fatto un cappio in cima e, zitto zitto, con esso, alzando il braccio, ha tentato d'accappiare a Cinci l'orecchio. Appena Cinci, risentito, si volta, subito quello gli fa cenno di tacere e tende il filo d'avena lungo la muriccia, dove tra una pietra e l'altra spunta il musetto d'una lucertola, a cui con quel cappio egli dà la caccia da un'ora. Cinci si sporge a guardare, ansioso. La bestiola, senz'accorgersene, ha infilato da sé il capo nel

Fox versuchen. Sieben Frauen, nicht eine weniger! Aber das gilt nicht, denn an Fox' schwarzem Fell sind alle hängengeblieben. Der dumme alte Fox hat die Augen zugemacht, ohne den Scherz zu verstehen, mit den sieben Frauen auf dem Pelz.

Cinci hat keine Lust mehr, weiterzugehen. Müde und unwirsch stemmt er sich hoch und setzt sich auf die Mauer zur Linken der Straße und betrachtet von dort die Maske des Mondes am Himmel, der sich gerade im verblassenden Grün der schwindenden Dämmerung ganz zart golden zu färben beginnt. Er sieht ihn und sieht ihn doch nicht, wie die Dinge, die in seinem Kopf umherirren, eines geht in das andere über, und alle führen ihn immer weiter fort von seinem regungslos hier sitzenden Körper, so daß er ihn gar nicht mehr fühlt. Seine eigene Hand, wenn man sie ihm zeigen würde, wie sie da auf dem Knie liegt, würde ihm wie die eines Fremden vorkommen, ebenso dieser Fuß, der in dem zerrissenen, schmutzigen Schuh baumelt. Er ist nicht mehr in seinem Körper, er ist in den Dingen, die er sieht und doch nicht sieht, in dem erlöschenden Himmel, in dem sich erhellenden Mond, in der dunklen Masse der Bäume dort, die sich gegen die dünngewordene Luft abzeichnen, und in den lockeren, schwarzen, frisch umgegrabenen Erde hier, die noch feucht und faulig nach der Hitze der letzten, sonnenwarmen Oktobertage duftet.

Plötzlich, wie er so versunken dasitzt, fährt ihm irgend etwas in die Glieder, er schreckt zusammen und hebt unwillkürlich die Hand ans Ohr. Ein leises Lachen ertönt von unterhalb der Mauer. Ein Junge in seinem Alter, ein Bauernbub, hat sich unten an der Feldseite versteckt. Auch er hat einen langen Haferhalm ausgerissen und abgestreift; aus dem oberen Ende hat er eine Schlinge gemacht und versucht jetzt mit erhobenem Arm leise und vorsichtig Cincis Ohr damit einzufangen. Kaum wendet sich Cinci unwillig um, da macht ihm der andere schnell ein Zeichen, er solle still sein, und hält den Halm an die Mauer, wo zwischen zwei Steinen das Köpfchen einer Eidechse hervorlugt, der er mit seiner Schlinge schon seit einer Stunde auflauert. Cinci beugt sich vor und schaut gespannt. Das Tierchen hat, ohne es zu merken, von selbst den Kopf in die hin-

cappio lí appostato; ma ancora è poco; bisogna aspettare che lo sporga un tantino di piú, e può darsi che invece lo ritragga, se la mano che regge il filo d'avena trémola e le fa avvertire l'insidia. Forse ora è sul punto d'assaettarsi per evadere da quel rifugio divenuto una prigione. Sí, sí; ma attenti allora a dare a tempo la stratta per accappiarla. È un attimo. Eccola! E la lucertola guizza come un pesciolino in cima a quel filo d'avena. Irresistibilmente Cinci salta giú dalla muriccia; ma l'altro, forse temendo che voglia impadronirsi della bestiola, rotea piú volte in aria il braccio e poi la sbatte con ferocia su un lastrone che si trova lí tra gli sterpi. – No! – grida Cinci; ma è troppo tardi: la lucertola giace immobile su quel lastrone col bianco della pancia al lume della luna. Cinci se ne adira. Ha voluto sí, anche lui, che quella povera bestiola fosse presa, preso lui stesso per un momento da quell'istinto della caccia che è in tutti agguattato; ma ucciderla cosí, senza prima vederla da vicino, negli occhietti acuti fino allo spasimo, nel palpito dei fianchi, nel fremito di tutto il verde corpicciuolo; no, è stato stupido e vile. E Cinci avventa con tutta la forza un pugno in petto a quel ragazzo e lo manda a ruzzolare in terra tanto più lontano quanto piú quegli, cosí tutto squilibrato indietro, tenta di riprendersi per non cadere. Ma caduto, subito si rizza inferocito, ghermisce un toffo di terra e lo scaglia in faccia a Cinci, che ne resta accecato e con quel senso d'umido in bocca che piú gli sa di sfregio e l'imbestialisce. Prende anche lui di quella terra e la scaglia. Il duello si fa subito accanito. Ma l'altro è piú svelto e piú bravo; non fallisce colpo, e gli viene sempre piú addosso, avanzando, con quei toffi di terra che, se non feriscono, percuotono sordi e duri e, sgretolandosi, sono come una grandinata da per tutto, in petto e sulla faccia tra i capelli agli orecchi e fin dentro le scarpe. Soffocato, non sapendo piú come ri-

gehaltene Schlinge gesteckt. Aber noch zu wenig. Man muß
warten, bis es ihn etwas mehr vorstreckt. Dabei kann es auch
sein, daß es ihn wieder zurückzieht, wenn die Hand, die den
Halm hält, zittert und ihm die Gefahr verrät. Vielleicht bemüht
es sich gerade aus seinem Schlupfwinkel auszubrechen, der
zum Gefängnis geworden ist. Ja richtig! Aber nun aufgepaßt
und rechtzeitig den Ruck gemacht, um es zu erwischen. Es ist
nur ein Augenblick. Da hat er sie! Und die Eidechse zappelt
wie ein kleiner Fisch an der Spitze des Haferhalms. Unwider-
stehlich angezogen springt Cinci von der Mauer herunter. Aber
der andere, der vielleicht befürchtet, er wolle sich des Tierchens
bemächtigen, läßt ein paarmal den Arm in der Luft kreisen und
schleudert es dann voller Grausamkeit auf eine Steinplatte, die
dort im Gestrüpp liegt. – «Nein!» schreit Cinci, aber es ist zu
spät. Die Eidechse liegt regunglos auf dem Stein, das Weiße des
Bauches dem Mondlicht zugekehrt. Cinci gerät darüber in
Zorn. Gewiß, auch er hat gewollt, daß das arme Tierchen gefangen wird, für einen Augenblick von dem Jägerinstinkt ergriffen, der in jedem lauert. Aber die Eidechse so zu töten,
ohne sie vorher aus der Nähe zu betrachten – die stechend
starrenden Äuglein, das Pulsieren der Flanken, das Beben des
ganzen grünen Körperchens –, nein, das war dumm und ge-
mein. Cinci versetzt dem Jungen mit aller Kraft einen Faust-
schlag gegen die Brust, der ihn um so weiter auf den Boden
stürzen läßt, je mehr er rückwärts taumelnd das Gleichgewicht
wiederzugewinnen versucht. Hingefallen, richtet er sich wild
schnaubend wieder auf, packt einen Klumpen Erde und wirft
ihn Cinci ins Gesicht, der daraufhin nichts mehr sieht und
einen feuchten Geschmack im Mund hat, der ihn seine
Schmach fühlen läßt und rasend macht. Auch er nimmt Erde
und wirft damit. Es entsteht ein erbitterter Zweikampf. Aber
der andere ist flinker und gewandter. Kein Wurf geht ihm
daneben, und er rückt Cinci immer näher auf dem Leib mit
diesen Erdklumpen, die zwar nicht verwunden, aber mit harten,
dumpfen Schlägen treffen und zerbröckelnd wie ein Hagel-
schauer überall sind, auf der Brust und im Gesicht, in den
Haaren, an den Ohren und selbst in den Schuhen. Fast erstickt

pararsi e difendersi, Cinci, furibondo, si volta, spicca un salto e col braccio alzato strappa una pietra dalla muriccia. Qualcuno di là si ritrae: sarà *Fox*. Scagliata la pietra, d'un tratto – com'è? – da che tutto prima gli si sconvolgeva, balzandogli davanti agli occhi, quelle masse d'alberi, in cielo la luna come uno striscio di luce, ora ecco nulla si muove piú, quasi che il tempo stesso e tutte le cose si siano fermati in uno stupore attonito intorno a quel ragazzo traboccato a terra. Cinci, ancora ansante e col cuore in gola, mira esterrefatto, addossato alla muriccia, quell'incredibile immobilità silenziosa della campagna sotto la luna, quel ragazzo che vi giace con la faccia mezzo nascosta nella terra, e sente crescere in sé formidabilmente il senso d'una solitudine eterna, da cui deve subito fuggire.

Non è stato lui; lui non l'ha voluto; non ne sa nulla. E allora, proprio come se non sia stato lui, proprio come se s'appressi per curiosità, muove un passo e poi un altro, e si china a guardare. Il ragazzo ha la testa sfragellata, la bocca nel sangue colato a terra nero, una gamba un po' scoperta, tra il calzone che s'è ritirato e la calza di cotone. Morto, come da sempre. Tutto resta lí, come un sogno. Bisogna che lui se ne svegli per andar via in tempo. Lí, come in un sogno, quella lucertola arrovesciata sul lastrone, con la pancia alla luna e il filo di avena che pende ancora dal collo. Lui se ne va, col suo fagotto di libri di nuovo sotto il braccio, e *Fox* dietro, che anche lui non sa nulla.

A mano a mano che s'allontana, discendendo dal poggio, diviene sempre piú cosí stranamente sicuro, che non s'affretta nemmeno. Arriva alla piazzetta deserta; c'è anche qui la luna; ma è un'altra, se ora qui rischiara, senza saper nulla, la bianca facciata dell'ospedale. Ecco ora la via del sobborgo, come prima. Arriva a casa: sua madre non è ancora ri-

weiß Cinci nicht mehr, wie er sich schützen und verteidigen soll: Er dreht sich um, rasend vor Wut, springt in die Höhe und reißt mit ausgestrecktem Arm einen Stein aus der Mauer. Drüben zieht sich jemand zurück: Es wird Fox sein. Kaum ist der Stein geworfen, da, plötzlich – wie kann das sein? – nachdem ihm vorher alles vor den Augen schwankte und ineinander verschwamm – die Bäume zu einer Masse, der Mond am Himmel zu einem Lichtstreifen – regt sich jetzt nichts mehr, als wäre die Zeit selbst und alle Dinge mit ihr in starrem Entsetzen stehengeblieben, rund um den mit dem Gesicht zu Boden gefallenen Jungen dort. Noch außer Atem und mit klopfendem Herzen lehnt Cinci an der Mauer und betrachtet bestürzt das unfaßbar stille, schweigende Land im Mondlicht, den Jungen, der da liegt, das Gesicht halb in der Erde verborgen, und er spürt das übermächtige Gefühl einer unendlichen Einsamkeit in sich aufsteigen, der er sofort entfliehen muß. Er ist es nicht gewesen, er hat es nicht gewollt, er weiß nichts davon. Und da – als wäre er es wirklich nicht gewesen, als nähere er sich wirklich nur aus Neugier – macht er einen Schritt, und dann noch einen, und beugt sich vor und schaut. Der Junge liegt mit zerschmettertem Schädel da, der Mund in dem schwarz auf die Erde getropften Blut. Zwischen der Hose, die etwas hochgerutscht ist, und dem Baumwollstrumpf ist ein Stück nacktes Bein zu sehen. Tot – wie seit Ewigkeiten. Alles erstarrt, wie ein Traum. Cinci muß bald aufwachen, um rechtzeitig fortzukommen. Wie in einem Traum liegt dort die Eidechse rücklings auf dem Stein, den Bauch vom Mond beschienen, der Haferhalm hängt noch an ihrem Hals. Er geht fort, das Bündel mit seinen Büchern wieder unter dem Arm, und Fox hinterdrein, der auch von nichts weiß.

Nach und nach, während er den Abhang hinuntergeht und sich immer weiter entfernt, fühlt er sich auf seltsame Weise immer sicherer werden, so daß er sich nicht einmal beeilt. Er kommt an den menschenleeren kleinen Platz. Auch hier scheint der Mond, aber es ist ein anderer, da er hier, ohne etwas zu wissen, die weiße Fassade des Krankenhauses bescheint. Da ist schon die Vorstadtstraße, ganz unverändert. Er kommt zu

entrata. Non dovrà dunque dirle neppure dove è stato. È stato lí ad aspettarla. E questo, che ora diventa vero per sua madre, diventa subito vero anche per lui; difatti, eccolo con le spalle appoggiate al muro accanto alla porta.

Basterà che si faccia trovare cosí.

Hause an. Die Mutter ist noch nicht zurück. So braucht er gar nicht zu sagen, wo er gewesen ist. Er ist hier gewesen und hat auf sie gewartet. Und was nun gleich für seine Mutter wahr wird, wird plötzlich auch für ihn wahr. Tatsächlich, da steht er, mit dem Rücken an die Hauswand gelehnt, neben der Tür.

Es wird genügen, daß man ihn so vorfindet.

Effetti d'un Sogno interrotto

Abito una vecchia casa che pare la bottega d'un rigattiere. Una casa che ha preso, chi sa da quanti anni, la polvere.

La perpetua penombra che la opprime ha il rigido delle chiese e vi stagna il tanfo di vecchio e d'appassito dei decrepiti mobili d'ogni foggia che la ingombrano e delle tante stoffe che la parano, preziose sbrindellate e scolorite, stese e appese da per tutto, in forma di coperte, di tende e cortinaggi. Io aggiungo di mio a quel tanfo, quanto più posso, la peste delle mie pipe intartarite, fumando tutto il giorno. Soltanto quando rivengo da fuori, mi rendo conto che a casa mia non si respira. Ma per uno che viva come vivo io ... Basta, lasciamo andare.

La camera da letto ha una specie d'alcova su un ripiano a due scalini; il soffitto in capo; l'architrave sorretto da due tozze colonne in mezzo. Cortinaggi anche qui, per nascondere il letto, scorrevoli su bacchette d'ottone, dietro le colonne. L'altra metà della camera serve da studio. Sotto le colonne è un divanaccio, per dir la verità molto comodo, con tanti cuscini rammucchiati e, davanti, una tavola massiccia che fa da scrivania; a sinistra, un grande camino che non accendo mai; nella parete di contro, tra due finestrette, un antico scaffale con cadaveri di libri rilegati in cartapecora ingiallita. Sulla mensola di marmo annerito del camino è appeso un quadro secentesco, mezzo affumicato, che rappresenta la *Maddalena in penitenza*, non so se copia o originale ma, anche se copia, non priva d'un certo pregio. La figura, grande al vero, è sdrajata in una grotta; un braccio appoggiato sul gomito sorregge la testa; gli occhi abbassati sono intenti a leggere un libro al lume d'una lucerna posata a terra accanto a un teschio. Certo, il volto, il magnifico volume dei fulvi capelli sciolti, una spalla

Auswirkungen eines unterbrochenen Traumes

Ich wohne in einem alten Haus, das wie der Laden eines Trödlers aussieht. Ein Haus, das seit wer weiß wie vielen Jahren Staub angesammelt hat.

Das ständige bedrückende Halbdunkel darin hat etwas von der Strenge einer Kirche. Ein dumpfer Geruch nach Altem und Vermodertem hat sich festgesetzt, der von den schäbigen Möbeln aller Art ausgeht, mit denen das Haus vollgestopft ist, sowie von der Unmenge kostbarer verschlissener, ausgeblichener Stoffe, die es schmücken, und die als Decken, Gardinen und Vorhänge überall ausgebreitet und aufgehängt sind. Ich selber füge diesem Geruch so gut ich kann den Pestgestank meiner verkrusteten Pfeifen hinzu, indem ich den ganzen Tag rauche. Nur wenn ich von draußen hereinkomme, wird mir klar, daß man in meinem Haus kaum atmen kann. Aber für einen, der so lebt wie ich ... Nun, lassen wir das.

Das Schlafzimmer hat eine Art Alkoven, der um zwei Stufen erhöht ist; der Querbalken oben an der Zimmerdecke wird in der Mitte von zwei plumpen Säulen getragen. Um das Bett zu verbergen sind auch hier Vorhänge angebracht, die an Messingstangen hinter den Säulen laufen. Die andere Hälfte des Zimmers dient als Arbeitsraum. Unter den Säulen steht ein häßliches, aber ehrlich gesagt sehr bequemes Sofa mit einem Haufen Kissen, und davor ein schwerer Tisch, der als Schreibtisch dient; links ein großer Kamin, in dem ich nie Feuer mache; an der Wand gegenüber, zwischen zwei kleinen Fenstern, ein antikes Regal mit vermodernden Büchern in vergilbten Pergamenteinbänden. Über den Kaminsims aus rauchgeschwärztem Marmor hängt ein halb verrußtes Bild aus dem siebzehnten Jahrhundert, das die Büßende Magdalena darstellt. Ich weiß nicht, ob Kopie oder Original, aber auch wenn nur Kopie, nicht ohne einen gewissen Wert. Lebensgroß sieht man die Gestalt in einer Grotte liegend, den Kopf auf die Hand gestützt; den Blick gesenkt liest sie beim Schein einer Lampe, die neben einem Totenschädel auf der Erde steht, in einem Buch. Kein Zweifel, das Gesicht, die herrliche Fülle des offe-

e il seno scoperti, al caldo lume di quella lucerna, sono bellissimi.

La casa è mia e non è mia. Appartiene con tutto l'arredo a un mio amico che tre anni fa, partendo per l'America, me la lasciò in garanzia d'un grosso debito che ha con me. Quest'amico, s'intende, non s'è fatto piú vivo, né, per quante domande e ricerche io abbia fatte, son riuscito ad averne notizie. Certo però non posso ancora disporre, per riavere il mio, né della casa né di quanto vi sta dentro.

Ora, un antiquario di mia conoscenza fa all'amore con quella *Maddalena in penitenza* e l'altro giorno mi condusse in casa un signore forestiere per fargliela vedere.

Il signore, sulla quarantina, alto, magro, calvo, era parato di strettissimo lutto, come usa ancora in provincia. Di lutto, pure la camicia. Ma aveva anche impressa sul volto scavato la sventura da cui è stato di recente colpito. Alla vista del quadro si contraffece tutto e subito si coprí gli occhi con le mani, mentre l'antiquario gli domandava con strana soddisfazione:

– Non è vero? Non è vero?

Quello, piú volte, col viso ancora tra le mani, gli fece segno di sí. Sul cranio calvo le vene gonfie pareva gli volessero scoppiare. Si cavò di tasca un fazzoletto listato di nero e se lo portò agli occhi per frenare le lagrime irrompenti. Lo vidi a lungo sussultar nello stomaco, con un fiottío fitto fitto nel naso.

Tutto – meridionalmente – molto esagerato. Ma fors'anche sincero.

L'antiquario mi volle spiegare che conosceva fin da bambina la moglie di quel signore, ch'era del suo stesso paese: – Le posso assicurare ch'era precisa l'immagine di questa *Maddalena*. Me ne son ricordato jeri, quando il mio amico venne a dirmi che gli era morta, cosí giovane, appena un mese fa. Lei sa che son venuto da poco a vedere questo quadro.

nen, rötlichen Haares, Schulter und Brust entblößt, all das im warmen Licht dieser Lampe ist wunderschön.

Das Haus gehört mir und gehört mir auch nicht. Es gehört mit seiner gesamten Einrichtung einem Freund, der vor drei Jahren nach Amerika ging und es mir als Garantie für eine beträchtliche Summe überließ, die er mir schuldet. Dieser Freund hat natürlich nichts mehr von sich hören lassen, und trotz all meiner Erkundigungen und Nachforschungen ist es mir nicht gelungen, etwas über seinen Verbleib zu erfahren. Ich kann jedoch nicht über das Haus und seinen Inhalt verfügen, um mein Geld zurückzubekommen.

Nun hat sich ein mir bekannter Antiquitäten- und Kunsthändler in diese Büßende Magdalena verliebt, und er brachte neulich einen Herrn von auswärts mit, um sie ihm zu zeigen.

Der Herr, um die vierzig, groß, hager, kahlköpfig, trug tiefe Trauer, wie es in der Provinz noch üblich ist. Sogar das Hemd schwarz. Auch sein hohlwangiges Gesicht war gezeichnet von den Spuren des Unglücks, das ihn vor kurzem getroffen hatte. Beim Anblick des Bildes verzerrte es sich völlig, und er bedeckte sofort seine Augen mit beiden Händen, während der Antiquar ihn mit seltsamer Genugtuung fragte:

«Ist es nicht wahr? Ist es nicht wahr?»

Der andere, das Gesicht noch in den Händen, nickte mehrmals. Die geschwollenen Adern auf seinem kahlen Schädel schienen platzen zu wollen. Er zog ein schwarzgerändertes Taschentuch heraus und hielt es sich an die Augen, um die ausbrechenden Tränen aufzuhalten. Ich sah ihn lange mit heftigem Zucken des Körpers und pausenlosem Schnaufen kämpfen.

Dies alles – typisch südländisch – sehr übertrieben. Vielleicht aber doch echt.

Der Antiquar erklärte mir, daß er die Gattin des Herrn von Kind an gekannt habe, da sie aus seinem Heimatort stammte: «Ich kann Ihnen versichern, daß sie das genaue Abbild dieser Magdalena war. Es fiel mir ein, als mein Freund gestern kam, um mir mitzuteilen, daß seine Frau noch so jung, vor einem Monat gestorben sei. Sie wissen doch, daß ich kürzlich hier war, um dieses Bild zu sehen.»

– Già, ma io . . .

– Sí, mi disse allora che non poteva venderlo.

– E neanche adesso.

Mi sentii afferrare per il braccio da quel signore, che quasi mi si buttò a piangere sul petto, scongiurandomi che glielo cedessi, a qualunque prezzo: era lei, sua moglie, lei tal'e quale, lei così – tutta – come lui soltanto, lui, lui marito, poteva averla veduta nell'intimità (e, così dicendo, alludeva chiaramente alla nudità del seno), non poteva piú perciò lasciarmela lí sotto gli occhi, dovevo capirlo, ora che sapevo questo.

Lo guardavo, stordito e costernato, come si guarda un pazzo, non parendomi possibile che dicesse una tal cosa sul serio, che potesse cioè sul serio immaginarsi che quello che per me non era altro che un quadro su cui non avevo mai fatto alcun pensiero potesse ora diventare anche per me il ritratto di sua moglie così col petto tutto scoperto, come lui solo poteva averla veduta nell'intimità e dunque in uno stato da non poter piú lasciarla sotto gli occhi a un estraneo.

La stranezza di una tale pretesa mi promosse uno scatto di riso involontario.

– Ma no, veda, caro signore: io, sua moglie, non l'ho conosciuta; non posso dunque attaccare a questo quadro il pensiero che lei sospetta. Io vedo là un quadro con un'immagine che . . . sí, mostra . . .

Non l'avessi mai detto! Mi si parò davanti, quasi per saltarmi addosso, gridando:

– Le proibisco di guardarla ora, così, in mia presenza!

Per fortuna s'intromise l'antiquario, pregandomi di scusare, di compatire quel povero forsennato, ch'era stato sempre fin quasi alla follia geloso della moglie, amata fino all'ultimo d'un amore quasi morboso. Poi si rivolse a lui e lo scongiurò di calmarsi; ch'era stupido parlarmi così, farmi un obbligo di cedergli il quadro in considerazione di cose tanto in-

«Das schon, aber ich . . .»

«Ja, Sie sagten damals, Sie könnten es nicht verkaufen.»

«Und jetzt ebensowenig.»

Ich fühlte, wie der Herr mich am Arm packte und sich mir weinend beinah an die Brust warf, indem er mich beschwor, es ihm zu überlassen, zu jedem beliebigen Preis; sie sei es, seine Frau, genau sie, sie so . . . ganz und gar, wie nur er, er, als Ehemann, sie in der Intimität gesehen haben konnte (mit diesen Worten spielte er deutlich auf die entblößte Brust an), er könne sie mir daher nicht mehr hier vor meinen Augen lassen, das müsse ich doch verstehen, jetzt, da ich es wisse.

Ich sah ihn verwirrt und bestürzt an, wie man einen Verrückten ansieht. Es schien mir unmöglich, daß er sowas im Ernst gesagt hatte, ich meine, daß er sich allen Ernstes vorstellen konnte, daß das, was für mich nur ein Bild war, über das ich noch nie nachgedacht hatte, nun auch für mich das Porträt seiner Frau werden würde, mit gänzlich entblößter Brust, wie nur er, in häuslicher Vertrautheit sie gesehen haben konnte, in einem Zustand also, in dem man sie nicht länger den Blicken eines Fremden aussetzen durfte.

Ein solch seltsames Ansinnen brachte mich unwillkürlich zum Lachen.

«Aber nein, sehen Sie, lieber Herr, ich habe doch Ihre Frau nicht gekannt; ich kann also mit diesem Bild nicht den Gedanken verbinden, dessen Sie mich verdächtigen. Ich sehe dort ein Bild mit einer Gestalt, die . . . allerdings, sie zeigt . . .»

Hätte ich das doch nicht gesagt! Er stellte sich vor mich hin, fast als wollte er sich auf mich stürzen, und schrie:

«Ich verbiete Ihnen, sie jetzt so anzusehen, in meiner Gegenwart!»

Zum Glück mischte sich der Antiquar ein und bat mich, den armen Rasenden zu entschuldigen, Mitleid mit ihm zu haben; er sei immer bis zum Wahnsinn eifersüchtig auf seine Frau gewesen, an der er bis zum Ende mit fast krankhafter Liebe gehangen habe. Dann wandte er sich ihm zu und beschwor ihn, sich zu beruhigen; es sei töricht, so mit mir zu sprechen und so zu tun, als sei es meine Pflicht, ihm das Bild in Anbetracht

time. Osava anche proibirmi di guardarlo? Era impazzito? E se lo trascinò via, di nuovo chiedendomi scusa della scenata a cui non s'aspettava di dovermi fare assistere.

Io ne rimasi talmente impressionato che la notte me lo sognai.

Il sogno, a dir piú precisamente, dovette avvenire nelle prime ore del mattino e proprio nel momento che un improvviso fracasso davanti all'uscio della camera, d'una zuffa di gatti che m'entrano in casa non so di dove, forse attratti dai tanti topi che l'hanno invasa, mi svegliò di soprassalto.

Effetto del sogno cosí di colpo interrotto fu che i fantasmi di esso, voglio dire quel signore a lutto e l'immagine della *Maddalena* diventata sua moglie, forse non ebbero il tempo di rientrare in me e rimasero fuori, nell'altra parte della camera oltre le colonne, dov'io nel sogno li vedevo; dimodoché, quando al fracasso springai dal letto e con una strappata scostai il cortinaggio, potei intravedere confusamente un viluppo di carni e panni rossi e turchini avventarsi alla mensola del camino per ricomporsi nel quadro in un baleno;

e sul divano, tra tutti quei cuscini scomposti, lui, quel signore, nell'atto che, da disteso, si levava per mettersi seduto, non piú vestito di nero ma in pigiama di seta celeste a righine bianche e blu, che alla luce man mano crescente delle due finestrette si andava dissolvendo nella forma e nei colori di quei cuscini e svaniva.

Non voglio spiegare ciò che non si spiega. Nessuno è mai riuscito a penetrare il mistero dei sogni. Il fatto è che, alzando gli occhi, turbatissimo, a riguardare il quadro sulla mensola del camino, io vidi, chiarissimamente vidi per un attimo gli occhi della *Maddalena* farsi vivi, sollevar le pàlpebre dalla lettura e gettarmi uno sguardo vivo, ridente di tenera diabolica malizia.

so intimer Dinge zu überlassen. Er wagte, mir zu verbieten, es anzusehen? Ob er denn den Verstand verloren habe? Und er zog ihn fort, indem er mich nochmals um Entschuldigung bat, wegen des auch für ihn völlig unerwarteten Auftritts.

Ich blieb derart betroffen zurück, daß ich in der Nacht davon träumte.

Ich muß den Traum, um es genauer zu sagen, in den ersten Morgenstunden gehabt haben, und zwar in dem Augenblick, als ein plötzlicher Lärm vor der Zimmertür mich aufschrecken ließ, eine Rauferei der Katzen, die immer von irgendwoher ins Haus hereinkommen, wohl angelockt von den vielen Mäusen, die es in Besitz genommen haben.

Diese schlagartige Unterbrechung des Traumes bewirkte, daß seine Gestalten – ich meine den Herrn in Trauer und das Bild der Magdalena, die nun seine Frau war – vielleicht nicht Zeit genug hatten, wieder in mich hineinzuschlüpfen, und daher außerhalb von mir blieben, im anderen Teil des Zimmers jenseits der Säulen, wo ich sie im Traum gesehen hatte, so daß ich, als ich bei dem Lärm aus dem Bett sprang und den Vorhang zur Seite riß, ein wirres Durcheinander von Körpern und rotem und türkisfarbenem Stoff undeutlich erkennen konnte, das eilig auf den Kaminsims huschte und blitzschnell oben im Bild wieder die richtige Stellung einnahm. Und dort auf dem Sofa, zwischen den zerwühlten Kissen, sah ich jenen Herrn, der sich aus seiner liegenden Stellung zum Sitzen aufrichtete – nicht mehr in Schwarz, sondern in einem Schlafanzug aus himmelblauer Seide mit weißen und dunkelblauen feinen Streifen – und sich beim immer stärker durch die beiden kleinen Fenster eindringenden Tageslicht mehr und mehr in Form und Farbe der Kissen auflöste und entschwand.

Ich will nicht erklären, was nicht erklärbar ist. Es ist noch keinem gelungen, in das Geheimnis der Träume einzudringen. Tatsache ist, daß ich, als ich beunruhigt die Augen hob, um nochmals das Bild über dem Kaminsims zu betrachten, ganz deutlich sah, wie die Augen der Magdalena sich ganz kurz belebten, wie sie die Lider von der Lektüre hob und mir einen lebendigen, heiteren Blick voll sanfter, diabolischer Ver-

Forse gli occhi sognati della moglie morta di quel signore, che per un attimo s'animarono in quelli dipinti dell'immagine.

Non potei piú restare in casa. Non so come feci a vestirmi. Di tanto in tanto, con un raccapriccio che potete bene immaginarvi, mi voltavo a guardar di sfuggita quegli occhi.

Li ritrovavo sempre abbassati e intenti alla lettura, come sono nel quadro; ma non ero piú sicuro, ormai, che quando non li guardavo piú non si ravvivassero alle mie spalle per guardarmi, ancora con quel brio di tenera diabolica malizia.

Mi precipitai nella bottega dell'antiquario, che è nei pressi della mia casa. Gli dissi che, se non potevo vendere il quadro a quel suo amico, potevo però cedergli in affitto la casa con tutto l'arredo, compreso il quadro, s'intende, a un prezzo convenientissimo.

– Anche da oggi stesso, se il suo amico vuole.

C'era, in quella mia proposta a bruciapelo, tale ansia e tanto affanno, che l'antiquario ne volle sapere il motivo. Il motivo, mi vergognai a dirglielo. Volli che m'accompagnasse lí per lí all'albergo dove quel suo amico alloggiava.

Potete figurarvi come restai, quando in una stanza di quell'albergo me lo vidi venire avanti, appena alzato dal letto, con quello stesso pigiama celeste a righine bianche e blu con cui l'avevo visto in sogno e sorpreso, ombra, nella mia camera, nell'atto di levarsi per mettersi seduto sul divano tra i cuscini scomposti.

– Lei torna da casa mia – gli gridai, allibito – lei è stato questa notte a casa mia!

Lo vidi crollare su una sedia, atterrito, balbettando: oh Dio, sí, a casa mia, in sogno, c'era stato davvero, e sua moglie ...

– Appunto, appunto, sua moglie è scesa dal quadro. Io l'ho sorpresa che vi rientrava. E lei, alla luce, m'è

schmitztheit zuwarf. Vielleicht waren es die geträumten Augen der verstorbenen Gattin jenes Herrn, die ganz kurz in den gemalten Augen des Bildes lebendig wurden.

Ich konnte nicht mehr im Haus bleiben. Ich weiß nicht, wie ich in meine Kleider gekommen bin. Von Zeit zu Zeit wandte ich mich mit einem Schaudern um, das ihr euch vorstellen könnt, und warf den Augen da drüben einen verstohlenen Blick zu. Ich fand sie jedesmal gesenkt und mit der Lektüre beschäftigt, so wie sie auf dem Bild sind, war mir allerdings nicht sicher, ob sie, wenn ich woanders hinsah, sich nicht hinter meinem Rücken von neuem belebten, um mich wieder voll sanfter diabolischer Verschmitztheit anzusehen.

Ich stürzte in den Laden des Antiquars, der in der Nähe meines Hauses liegt und sagte ihm, daß ich seinem Freund zwar nicht das Bild verkaufen, daß ich ihm jedoch das Haus mit der gesamten Einrichtung, einschließlich des Bildes, vermieten könne, selbstverständlich zu einem sehr günstigen Preis.

«Gleich ab heute sogar, wenn Ihr Freund will.»

Ich machte meinen unvermuteten Vorschlag in so atemloser Erregung, daß der Antiquar den Grund wissen wollte. Ich schämte mich, ihm den Grund zu sagen, und verlangte, er solle mich auf der Stelle zu dem Hotel begleiten, wo sein Freund wohnte.

Ihr könnt euch vorstellen, wie verdutzt ich war, als ich ihn in einem Zimmer des Hotels mir entgegenkommen sah, eben aus dem Bett aufgestanden, in demselben himmelblauen Schlafanzug mit weißen und blauen feinen Streifen, in dem ich ihn in meinem Traum gesehen und dann als Schatten in meinem Zimmer überrascht hatte, als er sich gerade zwischen den zerwühlten Kissen auf dem Sofa aufsetzte.

«Sie kommen aus meinem Haus!» schrie ich ihn entsetzt an. «Sie sind heute nacht bei mir im Haus gewesen!»

Ich sah ihn auf einem Stuhl zusammenbrechen, fassungslos stammelnd: Oh Gott, ja, bei mir im Haus, im Traum, da sei er wirklich gewesen, und seine Frau ...

«Eben! Ihre Frau ist aus dem Bild gestiegen, ich habe sie überrascht, wie sie wieder hineinging. Und Sie haben sich bei

svanito là sul divano. Mi ammetterà ch'io non potevo sapere, quando l'ho sorpreso sul divano, che lei avesse un pigiama come questo che ha indosso. Dunque era proprio lei, in sogno, a casa mia; e sua moglie è proprio scesa dal quadro, come lei l'ha sognata. Si spieghi il fatto come vuole. L'incontro, forse, del mio sogno col suo. Io non so. Ma non posso piú stare in quella casa, con lei che ci viene in sogno e sua moglie che m'apre e chiude gli occhi dal quadro. Il motivo che ho io d'averne paura, non può averlo lei, perché si tratta di se stesso e di sua moglie. Vada dunque a ripigliarsi la sua immagine rimasta a casa mia! Che fa adesso? Non vuole piú? Sviene?

– Ma allucinazioni, signori miei, allucinazioni! – non rifiniva intanto d'esclamare l'antiquario.

Quanto son cari questi uomini sodi che, davanti a un fatto che non si spiega, trovano subito una parola che non dice nulla e in cui cosí facilmente s'acquetano.

Allucinazioni.

Tageslicht dort auf dem Sofa in Nichts aufgelöst. Sie werden zugeben, daß ich, als ich Sie auf dem Sofa überraschte, nicht wissen konnte, daß Sie einen solchen Schlafanzug besitzen wie den, den sie anhaben. Also waren wirklich Sie es, im Traum, in meinem Haus! Und Ihre Frau ist wirklich aus dem Bild gestiegen, so wie Sie es geträumt haben. Erklären Sie sich das, wie Sie wollen. Vielleicht ist es die Begegnung meines Traumes mit Ihren. Ich weiß es nicht. Aber ich kann nicht mehr in diesem Haus bleiben, wo Sie im Traum hinkommen und Ihre Frau im Bild die Augen auf und zu macht. Den gleichen Grund zur Furcht können Sie nicht haben, da es sich um Sie selbst und Ihre Frau handelt. Gehen Sie also und holen Sie Ihr Traumbild, das bei mir zu Hause geblieben ist. Was tun Sie jetzt? Sie wollen nicht mehr? Sie werden ohnmächtig?»

«Aber das sind doch Halluzinationen, meine Herren! Halluzinationen!» hörte der Antiquar nicht auf zu rufen.

Wie rührend sind doch diese hartgesottenen Menschen, die für eine Sache, die sich nicht erklären läßt, sofort ein Wort bereit haben, das nichts besagt und sie ganz schnell beruhigt.

Halluzinationen.

Dialogo tra il Gran Me e il piccolo me

(Il Gran Me e il piccolo me rincasavano a sera da una scampagnata, nella quale furono tutto il giorno in compagnia di gentili fanciulle, a cui l'inebriante spettacolo de la novella stagione ridestava certo, come gli occhi loro e i sorrisi e le parole palesavano, di dolci, ineffabili voglie segretamente il cuore. Il Gran Me è ancora come preso da stupore e in visione dei fantasmi creatigli nello spirito dal diffuso incantesimo della rinascente primavera. Il piccolo me è invece alquanto stanco, e vorrebbe lavarsi le mani e la faccia e quindi andare a letto. La camera è al bujo. Il tessuto delle leggere cortine alle finestre si disegna nel vano sul bel chiaro di luna. Viene dal basso il murmure sommesso delle acque del Tevere e, a quando a quando, il cupo rotolío di qualche vettura sul ligneo ponte di Ripetta.)

— Accendiamo il lume?

— No, aspetta ... aspetta ... Restiamo ancora un tratto cosí, al bujo. Lasciami goder con gli occhi chiusi ancora un po' di sole di quest'oggi. La vista dei noti oggetti mi toglierebbe all'ebbrezza soavissima, da cui sono ancora invaso. Sdrajamoci su questa poltrona.

— Al bujo? Con gli occhi chiusi? Io m'addormento, bada! Non ne posso piú ...

— Accendi pure il lume, ma sta' zitto, zitto per un momento, seccatore! Sbadigli? ...

— Sbadiglio ...

(Il piccolo me accende il lume sul tavolino, e subito dopo da un'esclamazione di sorpresa.)

— Oh, guarda! Una lettera ... È di lei!

— Da' a me ... Non voglio sentir nulla, per ora!

— Come! Una lettera di lei ...

— Da' a me ti, ripeto! la leggeremo piú tardi. Ora non voglio essere seccato.

— Ah sí? E allora ti faccio notare che tutt'oggi con

Dialog zwischen Großem Ich und kleinem ich

(Das Große Ich und das kleine ich kehrten am Abend von einem Ausflug ins Grüne heim, wo sie den ganzen Tag in Gesellschaft reizender Mädchen verbracht haben, in deren Herzen das berauschende Schauspiel der neuen Jahreszeit – wie Augen, Lächeln und Worte offenbarten – wohl heimliche, süße, unaussprechbare Wünsche geweckt hatte. Das Große Ich ist noch wie von Staunen ergriffen und hat noch die Phantasiegestalten vor Augen, die der allgegenwärtige Zauber des wiedererwachenden Frühlings in seinem Geist hat entstehen lassen. Das kleine ich dagegen ist recht müde und möchte sich Gesicht und Hände waschen und dann ins Bett gehen. Im Zimmer ist es dunkel. Das Gewebe der leichten Gardinen an den Fenstern zeichnet sich im Raum durch das schöne Mondlicht ab. Von unten tönt das leise Rauschen des Tiber herauf, und von Zeit zu Zeit das dumpfe Rollen von Wagen auf der hölzernen Ripetta-Brücke.)

«Wollen wir Licht machen?»

«Nein, warte ... warte ... Bleiben wir noch ein wenig im Dunkeln. Laß mich mit geschlossenen Augen noch ein bißchen die Sonne des Tages genießen. Der Anblick der gewohnten Dinge würde mich aus dem süßen Rausch reißen, der mich noch erfüllt. Machen wir es uns auf dem Sessel bequem.»

«Im Dunkeln? Mit geschlossenen Augen? Da schlafe ich ein, das sag ich dir. Ich kann nicht mehr ...»

«Also mach Licht, aber sei still, sei einen Augenblick still, du Quälgeist! Du gähnst?»

«Ich gähne!»

(Das kleine ich macht die Lampe auf dem Tischchen an; gleich danach ein überraschter Aufschrei.)

«Ach, sieh mal! Ein Brief! Er ist von ihr!»

«Gib her ... Ich möchte im Augenblick nichts hören!»

«Was? Ein Brief von ihr, und ...»

«Gib her, hab ich gesagt. Wir werden ihn später lesen. Ich will jetzt nicht gestört werden.»

«Ach so? Dann mache ich dich darauf aufmerksam, daß du

quelle ragazze hai detto e fatto un mondo di sciocchezze, e che forse mi hai compromesso!

– Io? Sei pazzo! Che ho fatto?

– Domandalo agli occhi e alla mano. Io so che mi son sentito tra le spine, durante tutto il giorno; e ancora una volta ho fatto esperienza che noi due non possiamo a un tempo esser contenti.

– E di chi la colpa? Mia forse? Io ho creduto di farti piacere piegandomi jersera ad accettar l'invito della scampagnata. Non ti sei sempre lagnato ch'io non abbia veruna cura di te, della tua salute; che io ti costringa a star sempre chiuso con me nello scrittojo tra i libri e le carte, solo, senz'aria e senza moto? Non ti sei sempre lagnato che io conturbi finanche il tuo desinare e le poche ore concesse a te con i miei pensieri, le mie riflessioni e la mia noja? E ora invece ti lagni che mi sia obliato un giorno nella compagnia delle gentili fanciulle e nella letizia della stagione? Che pretendi dunque da me, se non ti vuoi in alcun modo accontentare?

– Avvolgi, avvolgi, avvolgi, sfili la ferza e la trottola gira ... Quando parli, chi ti può tener dietro? Sai far bianco il nero e nero il bianco. L'esserti tutt'oggi obliato sarebbe stato un bene per me, ove non ti fossi troppo obliato ... troppo, capisci? E questo è il male, e deriva dal modo di vita che tieni e che mi fai tenere. Troppo imbrigliata è la nostra gioventú; e appena le allenti un po' il freno, ecco, ti piglia subito la mano, e allora, o sono sciocchezze o son follie, che piú non si convengono a noi, che abbiamo ormai un impegno sacrosanto da mantenere. Dammi la lettera, e non sbuffare!

– Quanto mi secchi, Geremia! Ti sei fitto in mente di prender moglie, e da che m'hai con insoffribili lamentele persuaso ad acconsentire, non convinto, sei divenuto per me supplizio maggiore! Or che sarà quando avremo in casa la moglie?

den ganzen Tag mit diesen Mädchen lauter dummes Zeug geredet und getan und mich recht in Verlegenheit gebracht hast.»

«Ich? Du bist verrückt! Was hab ich denn getan?»

«Frag deine Augen und deine Hand. Ich weiß jedenfalls, daß ich den ganzen Tag wie auf Kohlen gesessen und wieder einmal die Erfahrung gemacht habe, daß wir beide nicht gleichzeitig zufrieden sein können.»

«Wessen Schuld ist das? Etwa meine? Ich meinte dir einen Gefallen zu tun, als ich gestern abend nachgab und die Einladung zu dem Ausflug ins Grüne annahm. Hast du dich nicht beklagt, daß ich mich gar nicht um dich und deine Gesundheit kümmere; daß ich dich zwinge immer mit mir im Arbeitszimmer eingeschlossen zwischen Büchern und Papieren zu leben, allein und ohne frische Luft und Bewegung? Hast du dich nicht immer beklagt, daß ich sogar die Mahlzeiten und die wenigen dir gewidmeten Stunden mit meinen Gedanken, meinen Überlegungen und meiner Verdrießlichkeit störe? Und jetzt wirfst du mir vor, daß ich mich einen Tag lang in Gesellschaft netter Mädchen und in der Heiterkeit des Frühlings vergessen habe? Was verlangst du also von mir, wenn du auf keine Weise zufrieden sein willst?»

«Wickel, wickel, wickel, zieh die Peitsche ab, und der Kreisel dreht sich! Wenn du redest, wer kann da mithalten? Du kannst aus Schwarz Weiß und aus Weiß Schwarz machen. Daß du dich heute vergessen hast, wäre mir schon recht gewesen, wenn du dich nicht zu sehr vergessen hättest, zu sehr, verstehst du? Da sitzt das Übel; es kommt von deiner Lebensweise, zu der du auch mich zwingst. Unsere Jugend wird zu sehr gezügelt, doch kaum lockerst du die Zügel, geht sie dir durch, und dann geschehen Dummheiten oder Verrücktheiten, die sich nicht mehr schicken, da wir jetzt ein heiliges Versprechen zu halten haben. Gib mir den Brief und brumm nicht!

«Du nervst mich, du Jeremias! Du hast dir in den Kopf gesetzt zu heiraten, und seit du mich durch unerträgliches Gejammer dazu gebracht hast, gegen meine Überzeugung zuzustimmen, bist du eine noch größere Qual für mich geworden. Was wird erst sein, wenn wir die Ehefrau im Hause haben?»

– Sarà la tua e la mia fortuna, mio caro!

– Io per me l'ho detto e ti ripeto che non voglio saperne. Sia pure la tua fortuna! non voglio immischiarmici.

– E farai bene, fino a un certo punto. Tu sei venuto sempre a guastare ogni disegno mio. Facevo due anni addietro con tanto diletto all'amore con nostra cuginetta Elisa ... ricordi? ... ricorrevo a te per qualche sonettino o madrigale, e tu coi tuoi versi, ingrato, me la facevi piangere ... Io ti dicevo: Zitto, lasciamela stare! Che vuoi che capisca dei tuoi fantasmi e delle tue sbalestrate riflessioni? Come vuoi che il suo piedino varchi la porta del tuo sogno? Quanto sei stato crudele! L'hai confessato in versi tu stesso dappoi: ho sfogliato le tue carte e ho trovato alcune poesie in lode e in pianto della povera Elisa ... Or che intendi di fare con quest'altra? Rispondi.

– Nulla. Non le dirò mai una parola; lascerò sempre parlar te, sei contento? Purché tu mi prometta che ella non verrà mai a disturbarmi nel mio scrittojo e non mi costringerà a dirle quel che penso e quel che sento. Prendi moglie tu, insomma, e non io ...

– Come! E se tu intendi conservare integra la tua libertà, come potrò io aver pace in casa con lei?

– Io voglio la libertà de' miei segreti pensieri. Sai che l'amore non è mai stato, né sarà mai un tiranno, per me: ho sempre, infatto, lasciato a te l'esercizio dell'amore. Fa' dunque, rispetto a ciò, quel che meglio ti pare e piace. Io ho da pensare ad altro. Tu prendi moglie, se lo stimi proprio necessario ...

– Necessario, sí, te l'ho detto! Perché, se rimango ancora un po' soltanto in poter tuo, mi ridurrò senza dubbio la creatura piú miserabile della terra. Ho assoluto bisogno d'amorosa compagnia, d'una donna che mi faccia sentir la vita e camminare tra i miei simili, or triste or lieto, per le comuni vie della terra. Ah, sono stanco, mio caro, d'attaccar da me i

«Das wird dein und mein Glück sein, mein Lieber!»

«Was mich angeht, so habe ich dir gesagt und wiederhole es, daß ich nichts davon wissen will. Möge es dein Glück sein. Ich will mich da nicht einmischen.»

«Du tust gut daran, bis zu einem gewissen Grad. Es ist dir noch immer gelungen, mir jeden Plan zu verderben. Vor zwei Jahren war ich wahnsinnig verliebt in unsere kleine Kusine Elisa, erinnerst du dich? Ich wandte mich an dich wegen einiger Sonette oder Madrigale, und du Ekel brachtest sie mir mit deinen Versen zum Weinen. Ich sagte zu dir: Sei still, laß sie in Ruhe! Was kann sie denn von deinen Hirngespinsten und abwegigen Gedanken begreifen? Wie soll ihr kleiner Fuß die Schwelle deines Traumlandes überschreiten? Wie grausam warst du! Du selbst hast es später in Versen gestanden; ich habe in deinen Papieren geblättert und einige Gedichte gefunden, in denen du die arme Elisa rühmst und beklagst. Und was hast du jetzt mit der anderen vor? Antworte!»

«Gar nichts. Ich werde nie ein Wort zu ihr sagen; ich werde immer dich sprechen lassen. Bist du nun zufrieden? Wenn du mir nur versprichst, daß sie mich nie in meinem Arbeitszimmer stören und mich nicht zwingen wird, ihr zu sagen, was ich denke und fühle. Kurzum: Du heiratest, nicht ich.»

«Wie denn? Wenn du deine Freiheit unangetastet erhalten willst, wie kann ich dann mit ihr Frieden im Hause haben?»

«Ich will Freiheit für meine geheimen Gedanken. Du weißt, daß die Liebe für mich nie ein Tyrann war und nie sein wird; ich habe den Umgang mit der Liebe auch immer dir überlassen. Tu also in dieser Beziehung, was dir gefällt. Ich habe an anderes zu denken. Heirate, wenn du es wirklich für nötig hältst ...»

«Und wie nötig! Ich hab es dir doch gesagt. Denn wenn ich noch etwas länger nur unter deiner Herrschaft bleibe, bin ich zweifelsohne bald das bedauernswerteste Geschöpf dieser Erde. Ich brauche dringend liebevolle Gesellschaft, brauche eine Frau, die mich das Leben fühlen läßt und mit der ich unter meinesgleichen auf gewöhnlichen irdischen Pfaden wandeln kann – mal traurig, mal heiter. Oh, ich habe es satt, mein

bottoni alla nostra camicia e di pungermi con l'ago
le dita, mentre tu navighi con la mente nel mare
torbido delle tue chimere. A ogni brocco nel filo
tu gridi: Strappa! mentr'io, poveretto, con l'unghie
m'industrio pazientemente di scioglierlo.

Ora basta!
Di noi due io son quegli che deve presto morire: tu
hai dal tuo orgoglio la lusinga di vivere oltre il se-
colo; lasciami dunque godere in pace il poco mio
tempo! Pensa: avremo una comoda casetta, e senti-
remo risonar queste mute stanze di tranquilla vita,
cantar la nostra donna, cucendo, e bollir la pentola,
a sera ... Non son cose buone e belle anche queste?
Tu te ne starai solo, appartato, a lavorare. Nessuno
ti disturberà. Purché poi, uscendo dallo scrittojo,
sappi far buon viso alla compagna nostra. Vedi, noi
non pretendiamo troppo da te; tu dovresti aver con
noi pazienza per qualche oretta al giorno, e poi la
notte ... non andar tardi a letto ...

– E poi? ... Diceva Carneade, il filosofo, entrando
nella camera della moglie: Buona fortuna! Facciamo
figliuoli. Li manderete a scuola da me?

– No, questo no, senti! Lascia allevare a me i figliuoli che verrano: potresti farne degl'infelici come
te. Ma su ciò disputeremo a suo tempo. Ora dammi
ascolto: addorméntati! lasciami legger la lettera della
sposa, e poi risponderle. Già la stanchezza m'è passata.

– Vuoi che ti detti io la risposta?

– No, grazie! Addorméntati ... Basto io solo. He
imparato, praticando con te, a non commettere errori.
Per altro, l'amore non ha bisogno della grammatica.
E tu saresti capace d'arricciare il naso notando che la
nostra sposa scrive collegio con due g.

Lieber, die Knöpfe an unserem Hemd selber anzunähen und mich mit der Nadel in den Finger zu stechen, während du im Geiste auf dem dunklen Meer deiner Hirngespinste umhersegelst. Bei jedem Knoten im Faden rufst du: Reiß ihn ab!, während ich Ärmster mich mit den Nägeln geduldig bemühe, ihn aufzumachen. Jetzt ist es genug! Von uns beiden bin ich derjenige, der früher sterben muß; dir gibt dein Stolz die schmeichelhafte Gewißheit, über unser Jahrhundert hinaus weiterzuleben; also laß mich in Frieden meine kurze Zeit genießen! Denk doch: Wir werden ein gemütliches Heim haben und werden hören, wie die stummen Räume von friedlichem Leben widerhallen, wie unsere Frau beim Nähen singt und wie es abends im Kochtopf brodelt. Sind das nicht auch gute und schöne Dinge? Du kannst dich zum Arbeiten zurückziehen; niemand wird dich stören. Nur wenn du dann aus dem Arbeitszimmer kommst, mußt du unserer Gefährtin ein freundliches Gesicht zeigen. Du siehst, wir verlangen nicht viel von dir; du müßtest ein, zwei Stündchen am Tag mit uns Geduld haben und dann am Abend ... nicht so spät ins Bett gehn ...»

«Und weiter? ... Der Philosoph Karneades sagte, als er das Schlafzimmer seiner Frau betrat: ‹Viel Glück! Laßt uns Kinder zeugen. Werdet Ihr sie zu mir in die Schule schicken?›»

«Nein, also das nicht! Laß mich die Kinder erziehen, die kommen werden; du könntest so unglückliche Menschen aus ihnen machen wie du einer bist. Aber das werden wir zu gegebener Zeit besprechen. Jetzt hör mir zu: Schlaf ein und laß mich den Brief unserer Braut lesen und ihr dann antworten. Die Müdigkeit ist mir schon vergangen.»

«Soll ich dir die Antwort diktieren?»

«Nein, danke. Schlaf ruhig ein, das kann ich allein. Ich habe im Umgang mit dir gelernt, keine Fehler zu machen. Im übrigen braucht die Liebe keine Grammatik; und du wärest imstande, die Nase zu rümpfen, wenn du bemerktest, daß unsere Braut Kollegium mit zwei g schreibt.»

Luigi Pirandello, 1876–1936, war Professor für italienische Literatur in Rom, bevor er 1925 das Teatro d'arte gründete. 1934 erhielt er den Nobelpreis. Mit seinen Dramen bereitete er das antiillusionistische Theater vor. Sein Stück *Sechs Personen suchen einen Autor* ist ein über die Jahrzehnte hinweg bühnenwirksames Musterdrama des modernen psychologischen Masken- und Spiegeltheaters. Neben diesem Stück (1921) ist heute vor allem sein letztes, *Die Riesen vom Berge* (1937), fester Bestandteil der Spielpläne. Außer Dramen und einigen Romanen hat Pirandello etwa 240 Novellen geschrieben, die auf der großen italienischen Novellentradition fußen, aber oftmals ganz neue Problemstellungen haben.

Anzeige des Deutschen Taschenbuch Verlages

Luigi Pirandello hat gelebt von 1867 bis 1936. Gut eine Generation später lebte Alberto Moravia (1907–1990). In der Reihe
dtv zweisprachig gibt es auch einen Moravia-Band: *Racconti
romani / Römische Erzählungen* (dtv 9269). Wer den Wandel
der Zeit mit Aufmerksamkeit betrachtet – alle Menschen, die
sich auf irgendeine Weise für Geschichte interessieren, tun
das –, wird allein aus dem Vergleich der Geschichten dieser
beiden Erzähler reiche Aufschlüsse erhalten.

Zwischen 1900 und 1930 geboren sind die dreizehn Autoren
des Bandes dtv 9255: *Racconti italiani / Italienische Erzählungen aus dem 20. Jahrhundert.*

Noch eine Generation jünger sind die Autorinnen und Autoren, die in Band 9295 der Reihe versammelt sind: *Sette nuovi
racconti / Neue italienische Erzählungen.*

Begonnen hat die moderne italienische Novellen-Hochkultur
mit Giovanni Verga (1840–1922). Verga hat den «Verismo» be-
gründet. Dessen Kernelemente sind: die «dramaturgische» Per-
spektive, das soziale Thema, die kurze Erzählform. Auf den
nächsten beiden Seiten bringen wir eine Leseprobe vom Anfang
der Erzählung *Jeli il pastore / Jeli der Hirt* aus dem Verga-Band
Cavalleria rusticana; Racconti / Sizilianische Dorfgeschichten
(dtv 9311). Es ist eine Passage von großer poetischer Schönheit.
Solche gibt es bei Verga viele. Aber noch viel mehr Passagen
handeln von Weh und Ach der Liebe und der Armut. Daher
der Name Verismo ...

(...) Dapprincipio, Jeli dava dell'eccellenza al signo-
rino, come si usa in Sicilia, ma dopo che si furono
accapigliati per bene, la loro amicizia fu stabilita soli-
damente. Jeli insegnava al suo amico come si fa ad
arrampicarsi sino ai nidi delle gazze, sulle cime dei
noci più alti del campanile di Licodia, a cogliere un
passero a volo con una sassata, o montare correndo
di salto sul dorso nudo delle giumente ancora indo-
mite, acciuffando per la criniera la prima che passava
a tiro, senza lasciarsi sbigottire dai nitriti di collera
dei puledri indomiti, e dai loro salti disperati. Ah! le
belle scappate pei campi mietuti, colle criniere al
vento! i bei giorni d'aprile, quando il vento accaval-
lava ad onde l'erba verde e le cavalle nitrivano nei
pascoli! i bei meriggi d'estate, in cui la campagna,
bianchiccia, taceva, sotto il cielo fosco, e i grilli scop-
piettavano fra le zolle, come se le stoppie si incendias-
sero! il bel cielo d'inverno attraverso i rami nudi del
mandorlo, che rabbrividivano al rovajo, e il viottolo
che suonava gelato sotto lo zoccolo dei cavalli, e le
allodole che trillavano in alto, al caldo, nell'azzurro!
le belle sere di estate che salivano adagio adagio come
la nebbia, il buon odore del fieno in cui si affondavano
i gomiti, e il ronzìo malinconico degli insetti della
sera, e quelle due note dello zufolo di Jeli, sempre le
stesse – iuh! iuh! iuh! – che facevano pensare alle
cose lontane, alla festa di San Giovanni, alla notte di
Natale, all'alba della scampagnata, a tutti quei grandi
avvenimenti trascorsi, che sembrano mesti, così lon-
tani, e facevano guardare in alto, cogli occhi umidi,
quasi tutte le stelle che andavano accendendosi in
cielo vi piovessero in cuore, e l'allargassero!

Jeli, lui, non pativa di quelle malinconie; se ne
stava accoccolato sul ciglione, colle gote enfiate, in-
tentissimo a suonare – iuh! iuh! iuh! – Poi radunava
il branco a furia di gridi e di sassate, e lo spingeva
nella stalla, di là del poggio alla Croce.

(. . .) Anfangs redete Jeli den jungen Herrn mit «Eccelenza» an, wie es in Sizilien üblich ist, aber nachdem sie tüchtig gerauft hatten, war ihre Freundschaft besiegelt. Jeli brachte seinem Freund bei, wie man in die Nußbaumwipfel, die höher sind als der Glockenturm von Licodia, bis zu den Elsternestern klettert, wie man mit einem Steinwurf einen fliegenden Spatzen herunterholt oder wie man ungezähmte Maultierstuten zureitet, nämlich indem man die erstbeste bei der Mähne packt und mit einem Satz auf ihren Rücken springt, ohne sich vom wütenden Gewieher der ungezähmten Fohlen und ihren verzweifelten Sprüngen schrecken zu lassen. Ah! wie schön, mit wehenden Mähnen über die abgeernteten Felder zu galoppieren! Wie schön die Apriltage, wenn der Wind in Wellen über das Gras hinstrich und die Stuten auf den Weiden wieherten! Und im Sommer die Mittage, an denen das Land weißlich, schweigend unter dem bedeckten Himmel dalag und die Grillen zwischen den Erdschollen zirpten, als ob die Stoppeln in Brand gerieten! Der schöne Winterhimmel zwischen den nackten Zweigen des Mandelbaums, die im Nordwind erschauerten, und der schmale Feldweg, der sich unter den Hufen der Pferde eisig anhörte! Die Lerchen, die hoch oben in der Wärme, in der Bläue trillerten! Die schönen Sommerabende, die ganz langsam wie Nebel heraufstiegen! Das duftende Heu, in dem die Ellenbogen versanken, und das einförmige Summen der abendlichen Insekten! Und die zwei Töne von Jelis Pfeife, immer die gleichen – iuh! iuh! iuh! – die an weit Entferntes denken ließen, an das Sankt-Johanni-Fest, an Weihnachten, an den frühen Morgen vor einem Landausflug, an all die großen vergangenen Ereignisse, die, so weit entfernt, etwas Trauriges hatten und einen dazu brachten, daß man mit feuchten Augen aufblickte, als ob alle Sterne, die am Himmel erschienen, einem ins Herz regnen und es weit machen wollten!

Jeli selber litt nicht unter Schwermut; er hockte mit geblähten Backen am Grabenrand und war ganz mit dem Flöten beschäftigt – iuh! iuh! iuh! – Dann holte er die Herde mit lauten Rufen und Steinwürfen zusammen und trieb sie auf der anderen Seite des Poggio alla Croce in den Stall.

Über die derzeit zwölf italienisch-deutschen und insgesamt reichlich hundert Bände der Reihe dtv zweisprachig informiert ein eigener Prospekt. Er ist erhältlich beim Deutschen Taschenbuch Verlag, Friedrichstraße 1a, 80801 München.